KB214548

우리 주님께서 귀히 쓰시는 종
사랑하는 동역자님께
하나님의 은혜와 평강이
늘 가득하기를 바랍니다.

동역을 무한히 기뻐하며

2022. 초가을

전주열린문교회 담임목사
총 신 대 학 교 법인이사

개혁주의 신앙과
여성 안수

개혁주의 신앙과
여성 안수

지은이 | 이광우
펴낸이 | 원성삼
표지디자인 | 안은숙
펴낸곳 | 예영커뮤니케이션
초판 1쇄 발행 | 2022년 10월 7일
등록일 | 1992년 3월 1일 제2-1349호
주소 | 03128 서울시 종로구 대학로3길 29, 313호 (연지동, 한국교회100주년기념관)
전화 | (02) 766-8931
팩스 | (02) 766-8934
이메일 | jeyoung@chol.com
ISBN 979-11-89887-54-4 (93230)

값 12,000원

모든 인간은 하나님의 형상을 닮은 존귀한 존재입니다. 사람은 인종, 민족, 피부색, 문화, 언어에 관계없이 모두 다 존귀합니다. 예영커뮤니케이션은 이러한 정신에 근거해 모든 인간이 존귀한 삶을 사는 데 필요한 지식과 문화를 예수 그리스도의 사랑으로 보급함으로써 우리가 속한 사회에 기여하고자 합니다.

당신은 성별을 골라서 태어났는가?

개혁주의 신앙과 여성 안수

당신의 어머니는 혹시 남성이신가?

이광우 지음

예영

헌 정

이 책을
새 하늘 새 땅으로 이어지는
고단한 광야에서
목자장 주 예수님의 부르심을 받들어
맡겨주신 양무리와 함께 목자의 길을 걷는 나에게
한결같이 든든한 길벗이 되어 준
우리 주님의 신실한 여종
나의 착한 아내이자
소중한 우리 아이들의 참 좋은 어머니인
사랑하는 정영선 성도(聖徒)님께 드립니다.

서론

변질된 한국 기독교

"'정치-기독교-미디어'가 파괴적인 삼각 동맹을 맺고 있다".
(중략) 한국 기독교가 혐오의 종교로 변질되고 있다. 여성은 신부
로, 감독으로, 담임목사로, 또는 총회장으로 일할 수 없다고 굳
건히 믿는 '남성 우월주의'가 절대 진리처럼 작동된다. (중략) '예
수'라는 이름은 사업에 유리한 브랜드로 차용되며, 자본과 권력
의 욕망만이 교회들을 지배하고 있다. 한국 사회에서 기독교가
점점 다층적인 '혐오 종교'의 대명사가 되고 있는 것은 놀랍지 않
다. 오직 소수의 교회와 목회자만이 묵묵히 예수의 가르침을 따
르고자 할 뿐, 다수의 교회가 혐오의 정치, 배타와 정죄의 정치,
물질적 축복주의, 성공지상주의를 '예수'라는 브랜드의 자리에
대체해 쓰고 있다. 타인들에게 심각한 피해를 주면서도 예수 이
름으로 권력에의 욕망을 채우고자 대중을 선동하는 무수한 '목
사'들은 한국 사회 도처에서 예수를 상품화하며 이기적으로 명
예, 물질, 권력을 확장하고 있다. (중략) 거창하고 화려한 교회들,

엄청난 재정으로 세계최대의 교회, 세계최대의 감리교, 세계최대의 장로교 등 '세계 최고로 크다'는 것을 자랑으로 내세우는 한국의 기독교에서, '예수'는 '어디에' 있는가. (중략) 신앙의 이름으로 보통 사람들의 사유세계를 지배하는 독재자가 되어가고 있는 기독교가 이런 모습을 지속하는 한 '예수 주식회사'로 몰락할 뿐이다. '예수'라는 상표는 사용하지만 그 예수와 전혀 상관없는 지독한 이기주의, 여성·난민·성소수자·타 종교 혐오주의, 물질만능주의, 성공지상주의가 한국의 기독교를 지배하고 있다."(강남순, 28-35, 198-204)

'직분'에 대한 왜곡과 오해

왜 이렇게 되었을까? 여러 가지 이유가 있겠지만 교회 '직분'에 대한 심각한 오해도 중요한 원인 가운데 하나로 생각된다. '직분'은 하나님께서 은혜로 주신 선물(엡 4:7, 11)인데 '직분'을 '계급'으로 오해하는 기독교인들이 너무 많다. 특히 교회 지도자들 가운데 그런 사람들이 더 많다. '성도'에서 '집사 서리'로, '집사 서리'에서 '안수집사'로, '안수집사'에서 '장로'로 '승진'한다고 착각하는 이들이 많고, 그래서 '성도'(聖徒: 거룩한 백성: Holy people: 천국 시민권자)라는 거룩하고 영광스러운 호칭을 아주 부끄러워하고 어쩌다 장로(목사)라도 되면 목에 힘이 잔뜩 들어간다. 그래서 어떻게든 그 높은(?) '자리'를 차지하려고 교회 안팎에서 아귀다툼을 한다. 언젠가 경기도에 있는 어느 교도소 수감자들의 직업을 분류해 보았더니 '전직 목사'가 가장 많았다는 통계가 나왔다.(이성호, 8-20) 이런 낯뜨거운 현실을 예수 믿는 사람이 그저 속 편히 웃어

넘길 수 있겠는가. 지(支)교회에서만 그러는 것이 아니라 상급 치리회인 노회, 총회로 가면 그 정도가 더더욱 심해진다. 주 예수님을 본받아(막 10:44-45) 오직 '섬김'으로만 왕노릇해야 하는 '만고불변(萬古不變)의 성경 원리'에 비추어 볼 때 '노회장'은 노회의 가장 낮은 자리에서 섬기는 '종'이고, '총회장'은 총회 산하 모든 교회, 모든 성도의 맨 아랫자리에서 몸 바쳐 섬겨야 할 교단의 '상머슴'임이 분명한데도, 어쩌다 '노회장'이나 '총회장'이 되면 마치 세속의 '장관', '대통령'이라도 된 것으로 착각하고 그것을 무슨 '가문의 영광'으로 자랑하며 거들먹거리는 이들이 너무 많다. 이점, 혹시 내가 잘못 보거나 오해했는가? 제발 그랬으면 좋으련만 내가 잘못 본 게 아니라면, 어쩌면 남자 장로, 남자 목사들만 모인 자리라서 '우두머리' 싸움이 이토록 치열한지도 모르겠다. 아무튼 이 '직분'에 대한 심각한 오해와 왜곡된 인식 때문에 한국 교회가 급격히 쇠퇴하며 망해가고 있다. 평소 하는 말과 행동을 보면, 섬기러 오셔서 십자가에서 생명을 내어주신 예수님보다 한국 교회의 장로, 목사들이 훨씬 지위가 높을 것 같은 착각이 들 정도다. 주 예수님처럼 '섬김'으로 왕 노릇하는 것이 아니라 대부분의 직분자들이 '섬김 받음'으로 왕 노릇하려 든다. 어느덧 교회 안 장로, 목사의 직분이 교회 밖 세상에서까지 그럴듯한 권력과 명예가 되어버렸다. 정말 지저분하기 그지없는 여의도 국회의사당 안에 금뱃지를 단 개신교회의 안수집사 장로가 널려 있는 현실이 그 증거다. 세상의 정치인들 가운데 권력과 명예를 기꺼이 다른 이와 나누려는 자세를 갖춘 이가 없듯이, 교회의 중요한 직분 곧 장로, 목사의 직분을 여성들에게는 결단코 나눠줄

수 없다는 비성경적인 정신이 한국 기독교(특히 장로교) 전반에 스며들어 있고 이 때문에 실망한 미래 교회의 기둥인 청년들이 교회를 미련 없이 떠나고 있다. '코로나 팬데믹' 이후 '가나안'(교회에 '안나가'라는 말의 글자 순서를 뒤집은 몹시 가슴 아픈 신조어) 교인들이 급격히 느는 이유도 이와 별로 다르지 않다. 빨리 정신 차리지 않으면 한국 교회의 미래는 아예 없을 것이다. 거대한 교회당 건물이 헐값에 팔려 유흥장으로 변해버린 오늘날 유럽 교회의 모습이 미래 한국 교회에서는 재현(再現)되지 않기를 바라는 마음이 정말 간절한데, 이런 간절한 '희망'의 밑바닥에 도도하게 넘실대는 어두운 염려가 비단 나 혼자만의 기우(杞憂)라면 얼마나 좋을까.

왜 이런 글을 쓰는가

내가 전주열린문교회를 개척하기 2년 전부터 의료선교단체인 한국누가회(CMF)에서 의과대학 학생들에게 성경을 가르쳤다. 단체가 정한 정년이 되어 사역 일선에서 물러나기까지 25년 동안 그 의대생들을 진정한 '기독 의료인'으로 세우는 일에 내 청춘을 바쳤다. 그때 그 의대생들이 지금은 전국 각 지역 병원의 원장으로, 의과대학의 교수로, 해외 의료선교사로, 주님께서 세워주신 자리에서 하나님을 섬기며 열심히 헌신하고 있다. 의대생들의 빡빡한 학사 일정 때문에 늘 밤에만 모여 올빼미처럼 하는 성경공부였다. 그 젊은 인재들의 미래에 대한 기대와 소망으로 한 번 모임에 적어도 2시간 넘게 하는 강의였지만 서로 지루하거나 힘든 줄 전혀 몰랐다. 그 긴 세월 동안 의대생들 성경공부 모임에서 나는 여학생 남학생을 구분한 적이 없고, 그런 생각조차

해본 적이 없다. 솔직히 요즘 병원에 가 보면 여성 원장, 여성 의대 교수들이 얼마나 많은가. 그 여성 원장들 가운데 교회에 출석하는 신자인들 없겠는가. 여성 안수를 악착같이 반대하는 남자 목사·남자 장로들이 어쩌다 몸이 아파 병원에 갔을 때, 청진기를 들이대는 별것 아닌(?) 여자 의사들 앞에 가슴을 내보이면서 그 양반들이 무슨 생각을 할까 몹시 궁금할 때가 가끔 있다. 내 짐작에, 원장이 남자인가 여자인가를 일일이 확인해서 남자 원장이 있는 병원만 찾아다니지는 않을 것 같은데….

한국누가회 사역 3년 차가 되던 해에 우리 가족 포함 8명이 전주열린문교회를 개척했다. 개척한 첫날부터 오늘까지 30여 년 동안 우리 교회 안에서는 여성 차별이나, 그로 인한 여성 인권 유린은 전혀 없었다. 남자 여자 가릴 것 없이 공예배 순서를 맡으면 담임목사인 내가 설교하는 강단에 올라와서 기도도 하고 성경봉독도 했다. 여성 강사를 강단에 세운 적도 적지 않았다. 여성 중에도 어떤 전문영역에서는 남자 목사인 나보다 훨씬 더 뛰어난 인재들이 곳곳에 많이 있기에, 그들의 수준 높은 강의가 우리 교우들의 신앙생활에 큰 도움을 주기 때문이었다. 교회 개척 초기에, 우리 교회 예배 시간에 여집사님이 강단에 올라와 기도하는 것을 본 어떤 사람들로부터 '이단 교회', '이단 목사'로 오해를 받기도 했다. 전주열린문교회 안에서는 철저하게 남녀 동등하게 사역하도록 했음에도 나에게는, 여성 안수를 허락하지 않고 여성을 차별하는 대한예수교장로회 합동 교단에 30여 년간 몸담고 살면서 여성을 차별하는 이 불의한 상황을 단호하게 지적하지 못한 채 '벙어리 개'처럼 살아온 30년 묵은 무거운 '죄'가 있다. 이 점은 예장 합동 교단 소속 모든 장로, 목사들도 마찬가지일 것이다. 추수할 일꾼이 한없이 부족한(마 9:37-38) 이 말세(未世)에 하나님께서 들어 쓰시는 여종들의 사역을 남자 장로·남자 목사들이 앞장서서 가로막고, 땅끝까지 복음을 전하는 일을 못하게 막는 무서운 죄는 우리 교단이 여태껏 지은 것만으로도 차고 넘친다. 속히 회개하지 않으면 안 될 것 같은 조바심이 들어 하나님의 여종들에게 미안한 마음과 하나님께 깊이 회개하는 마음으로 주제넘게 나서서 여성 안수를 촉구하는 글 두 꼭지를 써서 발표했던 것이다.

그간의 경위

조선예수교장로회 함남노회 성진중앙교회에서 사역하던 김춘배 목사는 당시 교계 연합신문 역할을 하던 「기독신보」에 1934년 8월부터 '장로교 총회에 드리는 말씀'이라는 제목의 글을 3회 연재했다. 그중 두 번째 글(「기독신보」 977호, 1934. 8. 22.)의 세 번째 소주제가 '여권 문제'였는데, 김 목사는 여기서 '여성 장로제'를 기각한 전년도 22회 총회를 신랄하게 비판했다. 같은 날짜의 「기독신보」에 채정민 목사가 여성 안수 반대 취지의 글을 함께 실음으로써 김춘배 목사와 채정민 목사 사이에 느닷없는 지상 논쟁이 벌어졌다. 당시 채정민 목사의 주장은 현재 우리 예장합동 교단의 여성 안수 반대 이유와 정확히 똑같다. 당시 총회는 평양신학교 교수와 대형교회 목사들로 조사연구위원회(위원: 나부열, 부위렴, 염봉남, 윤하영, 박형룡)를 꾸려 김춘배 목사를 '자유주의 신학'에 물든 목사로 몰아가며 '징계'하겠다고 협박했고 김춘배 목사는 결국 조사연구위원회 앞으로 '석명서(釋明書)'를 직접 보내 자기 입장을 공식 철회함으로써 사태가 종결되었다.(윤정란, 69-74) 더 자세한 내용은 「뉴스앤조이」의 아래 글을 참조하면 된다.

가부장적 성경 해석에 맞섰던 조선의 여성들

http://www.newsnjoy.or.kr/news/articleView.html?idxno=304567

벌써 90년 전 일이다. 나의 신학대학원 은사이자 학위논문 지도교수이셨던 김세윤 교수님을 비롯해서, 심창섭 교수님, 정훈택 교수님이 1994년에 발표한 논문에서 이 여성 안수 문제를 우회적으로 거론했다가 두 분 다 '징계'를 받았다. 나는 내가 존경하는 은사이자 신약학자이신 정훈택 교수님이 너무 일찍 돌아가신 것이 이 일과 무관하다고 생각지 않는다. 그 뒤로 총신 교수(신학자)들의 입이 아주 단단히 '인봉(印封)'되어 버렸다.

평소에 나는, 예장합동 교단 안에서 여성 안수 문제와 같은 민감한 문제를 제기하려 할 때, 가장 중요한 '지원군'은 우리 교단의 신학자들이라 생각했다. 30년 넘게 교단 정치와 담을 쌓고 지내던 내가 얼떨결에 2021년 4월에 총신대학교 법인이사로 선임되었다. 이사회 '전체 회의' 소집 횟수를 줄이기 위해 이사회 안에 몇 개의 '소위원회'가 설치돼 있는데 나는 '신학분과 소위원회'와 '정관 개정 소위원회'에 배속되어 있다. '신학분과 소위원회'에서는 총신대학교와 신학대학원의 모든 교수 신규 임용과 승진 등의 안건을 면접 심사하여 그 결과를 이사회 본회에 보고하는 일을 한다. 대체로 소위원회의 심사 결과를 본회에서 거의 그대로 받아들인다. 교수 신규 임용이나 승진 안건이 나오면 신학 분과 소위원회 소속 이사들에게 심사대상자의 신상정보를 포함한 모든 관련 정보가 자료집 형식의 책자(대외비)로 제공된다. 그 자료를 미리 검토한 다음 당사자를 불러 면접 심사를 하고 그 결과를 본회에 보고하게 되어 있다. 언젠가 교수 승진 심사 과정에서 비교적 '개혁적인' 자세를 지닌 듯한 교수(이름은 밝히지 않겠다)가 눈에 띄어서 반가운 마음에 자료집에서 그 교수의 메일 주소를 확인하여 메일로 '여성 안수 문제'에 대한 의견을 조심스레 물었다. 내 딴에는 이 일에 '지원군'을 확보하고자 함이었는데 돌아온 답은 너무 단호하게 '여성 안수 불가'였다. 좀 개혁적으로 보이는 신학자가 그 정도라면 더 알아볼 필요도 없겠다 싶어서 하나님께 기도한 후 그냥 '나 혼자' 나서기로 하고 여성 안수를 촉구하는 글을 한 꼭지 썼다. 그래봤자 90년 해묵은 주제를 다시 끄집어낸 것에 지나지 않는다.

명색이 예장합동 교단 소속 목사인 내가 할 수만 있다면 교단지인 「기독신문」에 글을 싣고 싶은 마음이 왜 없었겠는가. 그런데 내 원고를 본 신문사 쪽에서 예상대로 몸을 많이 사리는 자세가 엿보이기에 담당 기자에게 부담을 주기 싫어 부득이 「뉴스앤조이」에 원고를 보내 글을 싣게 되었다. 부담스런 주제의 글을 선뜻 받아준 「뉴스앤조이」의 강도현 대표께 무척 고마운 마음이다. 「뉴스앤조이」에 첫 번째 실었던 글은 책을 엮는 과정에서 생각 끝에 순서를 바꿔 독자들께서 참고하실 수 있도록 이 책의 제 2부에 실었다. 어쨌든 총회 총대들의 지지와 협조가 절실한 사안이기에 첫 번째 글에서는 최대한 신학적인 논쟁을 비껴가며 아주 완곡하게 호소하는 글을 썼다. 고맙게도 그 글에 대한 여러 언론사의 호응과 지지가 많이 있었다. 20분짜리 '파워 인터뷰'를 따로 편성해서 두 차례나 방영해 준 CBS TV(최경배 기자)를 비롯해서, 국민일보(강주화 기자), 기독교종합신문(박기성 대표), GOOD TV(권현석 기자), 강력한 지지 성명을 내준 총신여동문회(회장 김희정)에 깊이 감사드린다. 아울러 이 책을 쓰는 과정에서 여러모로 도움을 많이 주신 강호숙 박사, 박유미 박사와 신학대학원 이은순 동기, 이필찬 교수(이필찬요한계시록연구소 소장)께도 마음 깊이 감사한다. 아울러, 새 하늘 새 땅을 향한 고단한 광야길에서 한결같이 든든한 동행이 되어주시는 전주열린문교회 방극남 장로님 내외분을 비롯한 모든 교우들께도 자주 표현하지 못하는 고마운 마음을 전해 드린다.

첫 번째 글이 발표된 뒤, 내 의견에 공감하고 찬성하는 의견이 압도적으로 많다는 사실을 확인하게 되어 하나님께 감사했다. 그런데 뜻밖에 신학대학원 동기들 단체 대화방에서 이 문제에 대한 논쟁이 며칠간 있었고 그 대화에 참여하여 의견을 조율하는 과정에서 여성 안수 문제와 관련되어 쟁점이 되는 몇몇 성경 구절에 대해서는 '성경 해석학적인' 정리가 시급하고 절실하다는 생각이 들었다. 부득이 한 꼭지의 글을 더 써서 「뉴스앤조이」에 연달아 실었다. 그 글이 이 책의 제1부에 실려 있는데 책으로 만드는 과정에서 「뉴스엔조이」에 실렸던 원고 내용을 상당 부분 보완하였다. 글의 흐름이나 결론이 달라진 것이 아니라 좀 더 세밀한 학술적 증거 자료를 보충했다는 뜻이다. 뜻밖에 멀리 미국에서 내가 쓴 두 꼭지의 글을 꼼꼼히 읽고 나와 동역하는 이택남 목사님의 연락처를 수소문하여 추후 참고할 수 있도록 귀한 논문을 손수 챙겨 보내주신 미국 이반젤리아 대학교(Evangelia University)의 최갑종 교수님(신약학, 전 백석대 총장)께 깊은 감사의 뜻을 전한다. 직접 뵌 적은 없지만 그동안 목양 사역 중에 최갑종 교수님이 쓰신 책들을 챙겨 읽으면서 내 마음속에 '존경하는 신약학자' 가운데 한 분으로 각인돼 있던 분이셨다. 이 책의 제1부에 최 교수님의 논문을 내주(內註)를 붙여 인용하며 성경 해석학적인 내용을 보충한 부분이 포함돼 있다. 최 교수님의 허락도 미처 받지 못했지만 양해해 주시리라 믿고, 여러 모양으로 합력하여 선을 이루어 가시는 우리 하나님의 손길을 오래 기억하고 싶어서 나에게 전달된 교수님의 편지 내용을 잠시 소개한다.

이택남 목사님 안녕하십니까?

메일을 보내는 사람은 현재 미국 이반젤리아 대학교 신약학 교수로 있는 최갑종 목사입니다. 저는 한국 백석대학교 신약학 교수로, 그리고 총장으로 재직하면서 백석 교단 총회로 하여금 여성 안수를 허용하도록 성경적 뒷받침을 제공하는 데 일익을 담당하였습니다. 이번에 교회 담임목사님이신 이광우 목사님께서 「뉴스앤조이」에 투고한 여성 안수 문제에 관한 2편의 글을 관심 깊게 읽었습니다. 글을 읽고 이광우 목사님의 '학문, 열정, 용기'에 감탄했습니다. 그래서 이광우 목사님의 앞으로의 사역에 조금이라도 기여하고자 하는 마음으로 제가 2010년 총신대학교 신학대학원 493주년 종교개혁기념 학술제에 초청되어 발표하였던 글을 조금 다듬어 보냅니다. 사실 이미 오래전에 총신대학교 신약학 교수들(김세윤, 정훈택, 이한수)은 이미 성경적으로 여성 안수는 문제가 없다는 논문을 발표한 바 있습니다. 바쁘시더라도 이 편지와 첨부파일 논문을 이광우 목사님께 전달하여 주시기 바랍니다. 제가 이광우 목사님의 연락처를 가지고 있지 않기 때문입니다. 제 연락처는 ******입니다.

목사님의 가정과 하시는 사역에 하나님의 복이 함께 하길 기원합니다.

누구나 글을 써서 여러 사람 앞에 발표할 때는 쉽게 '반박당할 여지'를 잘 두지 않으려 할 것이다. 나 또한 그렇다. 따라서 이번에 「뉴스앤조이」에 두 번째 발표한 '개혁주의 신앙과 여성 안수'라는 글(이 책의 제1부)은 그 누구도 쉽게 반박하기 어려울 것이고, 아주 꽉 막힌 막무가내(莫無可奈)의 사람, 입만 있고 귀가 없는 사람이 아니라면 "여성 안수가 개혁주의 신앙의 본질에 맞다"는 결론을 뒤집기는 정말 어려울 것이다. 앞서 지적했듯이 내 결론이 맞다면, 우리 교단은 하나님의 형상인 여성들을 차별하고 그들의 인권을 무참히 유린하며 유능한 여성 사역자들이 주님을 섬겨 사역할 기회를 남자들이 앞장서서 빼앗아버린 죄를 하나님 앞에 교단 차원에서 거침없이 여태껏 범해왔고, 지금도 범하고 있는 것이다. 이런 상태로 하루의 시간이 흐르면 그만큼 우리가 범하는 죄악의 무게와 깊이가 더할 것이고 거기 비례하여 예장합동 교단을 향한 하나님의 진노와 심판은 더 혹독해질 것이다. 한마디로 굳이 최후의 심판 날까지 가지 않더라도 예장합동 교단의 교세가 급격히 쇠퇴하거나 거의 망하게 될 것이라는 말이다. (이 책의 마지막 교정을 보고 있는데, 예장합동 107회기 총회[총회장 권순웅 목사] 본회에서, 여성사역개발 위원회[위원장 김종운 목사]가 총신대여동문회에 "'여성 안수 연구위원회'를 총회에 헌의하겠다"고 했던 당초 약속과 달리, 엉뚱하게 '여성준목 연구위원회'를 총회에 헌의하였고, "교단헌법에 없기 때문에" 여성 안수를 논의할 수 없다던 총회 총대들은 "교단헌법에도 없는 '여성준목' 제도를 1년간 연구하기로" 결의하였다는 소식이 들려온다.)

이 책을 읽는 예장합동 교단 소속 장로, 목사들께서 내가 내린 결론에 동의한다면, 소속된 각 노회에서 '여성 안수를 허락해 줄 것'을 청원하는 '헌의안'을 올리도록 노력해 주시면 좋겠다. 헌의안이 올라간다 해서 총회에서 그것이 통과될지는 미지수이고, 설령 통과된다 해도 그와 관련된 교단 헌법 수정안을 각 노회에 수의하여 총회에서 최종 결정이 내려지기까지는 적어도 2-3년은 더 걸릴 것이다. 물론 그 세월만큼 하나님 앞에 교단이 짓는 죄의 무게는 늘어만 갈 것이다. 그래도 결과는 하나님께 맡기고 우선 지난 우리의 죄를 회개하는 마음으로 각 노회에서 헌의안이 최대한 많이 올라갈 수 있도록 노력해 주시기를 간곡히 당부드린다. 긴 말 할 것 없이, 구차하게 이런저런 성경 구절을 들먹일 필요도 없이, 추수할 일꾼이 많이 부족한 오늘, 주님 다시 오시는 날을 학수고대(鶴首苦待)하며 "땅끝까지 복음을 전하는 일에 하나님의 부름을 받아 사역할 은사를 받은 우리 주님의 여종들을 남자 목사·남자 장로들 마음대로 배제시키고 사역하지 못하게 앞길을 가로막는 것"이 심판장이신 우리 주님께서 과연 기뻐하시는 일인지 잘 생각해 보시기 바란다.

모쪼록 여러분들의 복음전파 사역에 우리 주님께서 기뻐하실 거룩한 열매 가득하고 아울러 성삼위 하나님의 은혜 안에서 모두 다 무탈하시기 바란다.

soli Deo gloria~~~

2022년 9월 한가위 연휴에
전주열린문교회당 단비 서재에서
이 명 우 드림

제1부

개혁주의 신앙과
여성 안수

「뉴스앤조이」(2022. 7. 29.)에 "여성 안수는 비성경적인가"라는 제목의 글을 실은 적이 있다. 첫 번째 글(이 책의 제2부)에서는 여성 안수 찬·반 의견 모두 '성경적'일 수도 있다는 전제에서 내 의견을 냈다. 그것은 성경 그 어느 곳에도 '여성 안수를 하지마라', '남자들만 안수하라'는 명시적인 구절이 없고, 따라서 이것은 '성경관'의 문제가 아니라 전적으로 '성경 해석학적 문제'(최갑종, 2011:345~374)라는 인식이 분명히 있어서였다. 그러므로 이 문제는 '성경 해석학적인 문제'임과 동시에 '선택'의 문제라는 인식 또한 분명히 있었기에, 어느 쪽 해석을 선택하는 것이 성경의 전체적인 가르침에 더 부합되며, 어느 쪽 해석이 더 예수 그리스도의 복음이 최종적으로 지향하는 정신에 더 가까운지를 한 번 정직하게 다시 생각해 보자는 뜻에서 쓴 글이었다.

　여성 안수 문제가 단지 여성 사역자들의 '안수'에 국한된 것이 아니라, 교회 안에서 지금까지도 안타깝게 지속되는 '여성 차별'로 인한 '여성 인권 유린' 문제와 깊이 관련되어 있기 때문에, 문제 제기가 너무 늦은 데 대해 우리 주님의 귀한 '여종들'에게 몹시 미안한 마음과 하나님 아버지께 깊이 회개하는 마음을 담아 쓴 글이었다. 아울러 차세대 교회의 기둥이 되어야 할 청년들이 교회를 떠나고 '가나안' 교인들이 속출하고 한국 교회가 급속도로 쇠퇴하는 이유가, '교회 내 여성에 대한 인식' 측면에서 '아주 낙후된 집단'으로 여기는 점이 주요 요인이라는 가슴 아픈 판단도 있어서였다. 많은 반대를 '예상'했지만, 글을 발표한 뒤로 뜻밖에 찬성하는 의견이 아주 많다는 것을 다양한 경로로 확인하게 되어 하나님께 무척 감사하고 있다. 상당히 부담스러운 원고를 기꺼이 받아준 「뉴스앤조이」(강도현 대표)는 물론, 깊은 관심을 갖고 보도해 준 CBS TV(최경배 기자), 국민일보(강주화 기자), 기독교종합신문(박기성 대표), GOOD TV(권현석 기자) 등 기독교계 여러 언론사와 강력한 지지 성명을 내준 '총신여동문회'(김희정 회장)에도 고마운 뜻을 전한다.

얼마 전 '백인우월주의'와 '인종차별'이 극심한 미국에서, 유명한 복음주의자이자 베스트셀러 작가인 베스 무어(Beth Moore)가 "남성 우위론이 성경의 진리"라고 가르쳐 온 것에 대해 '사과'하자 미국 보수신학계가 순식간에 '불난 호떡집'이 되었다. 반면에 무어의 주장을 뜨겁게 반기는 사람들도 아주 많았다.(박영호, 2021:151) 여성 문제에 대해 미국 교회가 깊이 '생각'할 기회를 주었다는 점에서 무어의 정직한 고백은 큰 의미가 있다. 무슨 일이든 '생각'이 바뀌어야 '행동'이 바뀌고 '행동'이 바뀌어야 '법'과 '제도'를 바꿀 수 있는 것인데, 다메섹으로 달려가던 길에서 부활하신 예수님을 만나 회심한 사울(바울)의 사례(행 9:1-19)에서 볼 수 있듯이, 사람들 특히 신앙인들이 수십 년 동안 '전통적으로' 지녀온 '생각(교리)'을 바꾸는 일은, 하나님의 아주 특별한 은혜가 임하지 않으면 정말 어려운 것이다. 그럼에도 어설프기 그지없었던 내 글(이 책의 제2부)을 읽고 그토록 오랜 세월 갖고 있던 '생각과 교리'를 단번에 바꾼 교계 지도자들이 뜻밖에 무척 많다는 사실을 곳곳에서 확인하면서, 그분들이야말로 진정한 '믿음'을 지닌 하나님의 종이요 주 안에 있는 소중한 '동역자'라는 것을 새삼 느낌과 동시에, 내가 믿는 하나님께서 이 일을 친히 이끌고 계심을 더더욱 확신하게 되었다. 주 예수님을 거침없이 배신했던 베드로(마 26:69-75; 요 21:15-20)와 가룟 유다(마 26:47-50; 행 1:17-20)의 사례에서 보듯이, 잘못된 '생각'을 바꾸고 '방향'을 신속하게 되돌리는 것도 우리 주님께서 부어주시는 '은혜'(눅 22:31-32)에 뿌리를 둔 탄탄한 '믿음'에서 나오는 것이기 때문이다.

첫 번째 글(이 책의 제2부)에서는 최대한 '신학적 논쟁'을 비껴가며 글을 썼으나 이 문제를 제기한 사람으로서 많은 이들이 여전히 궁금해하고 어려워하는 몇 가지 쟁점을 좀 더 명확하게 정리할 필요를 느껴 부득이 바쁜 시간을 쪼개 글 한 꼭지를 더 쓴다. 하나님 나라의 본질과 예수 그리스도의 복음에 담긴 생명·구원·사랑·정의·평화를 땅끝까지 전파하는 데 우리 주 예수 그리스도의 '여종'과 '남종'이 함께 손을 맞잡고 땅끝까지 힘차게 전진할 수 있기를 간절히 바라는 이 글이, 늦게나마 예수님의 거룩한 몸인 교회 내(內) '여성 안수' 문제를 포함하여 '여성 차별'로 인한 '여성 인권 유린' 문제 해결의 신선하고 정직한 출발점이 되면 참 좋겠다.

　이번 글에서는 '여성 안수'가 '개혁주의 신앙'의 본질과 일치한다는 것을 '증명'할 것이다. 물론 학술논문이 아닌 이상(그래도 독자들을 위해 중간중간 꼭 필요한 '내주'와 맨 끝에 참고문헌 목록은 붙여 두었다) 세밀한 논증보다는 쟁점(爭點)이 되는 몇몇 성경 구절에 대한 해석학적 '결론'을 주로 간략하게 소개할 생각이지만, 성경 본문에 대한 오해가 너무 많아서 치밀한 논증(論證)이 불가피하다고 생각되는 부분은 좀 자세하게 다룰 것이다. 이 글이, 오랫동안 차별당해 온 교회 내 여성 교인들과 여성 사역자들께 하나님께서 친히 내미시는 따뜻한 위로의 손길이 되고, 골치 아픈(?) 여성 안수 문제로 아직도 고민하는 분들에게는 유익하고 의미 있는 길잡이가 되기를 바란다. 아무튼, 18세기 케케묵은 봉건시대도 아닌데, 전 세계적으로 각 전문분야에서 탁월한 여성들의 활약이 눈부신 이 광명(光明)한 시대에, 세상의 빛이 되어 세상을 선도(先導)해야 할 주 예수님의 영광스러운 몸인 교회 안에서 시대의 흐름에 한참 뒤처지는 이런 글이나 쓰고 앉아 있는 내 처지도 참 한심하고 딱하기 그지없다.

1. 창세기 1장 26-28절: 인간(남자와 여자) 창조

1) 하나님의 형상: 남녀 한 몸

우선 핵심만 요약하자면, 이 본문 가운데 창세기 1:27은 히브리어의 3단 평행법으로 기록되었다. 히브리어 원문을 읽어 보면 다음과 같다:

와이**베라** 엘로힘 에트-하아담 뻬짜레모

뻬쩰렘 엘로힘 **바라** 오토

자카르 우네케바 **바라** 오탐

보다시피 이 본문에 '창조하다'(바라)라는 말이 세 번 쓰였는데, 우리말 번역 성경에서는 그중 하나가 생략되었다: "하나님이 자기 형상 곧 하나님의 형상대로 사람을 **창조하시되** 남자와 여자를 **창조하시고**"

하지만 NIV 영역성경은 히브리어 원문을 잘 살려 'created'라는 말을 명확하게 세 번 쓰고 있다.

So God **created** man in his own image,

in the image of God he **created** him;

male and female he **created** them.

다음에 배열해 놓은 우리말 성경 27절의 구문 구조를 보라.

하나님이 '자기 형상'대로 (**창조하셨다**)

하나님이 '사람'을 **창조하셨다**(히. 바라)

하나님이 '남자와 여자'를 **창조하셨다**.

　　하나님이 자기 형상대로-사람-남자와 여자를 창조하셨다. 그동안 '하나님의 형상'(이광우. 1993:21-23 참조)이 무엇인지를 규명하는 논문과 책이 많이 나왔지만(참고문헌 목록 참조) 우선 이 히브리어 평행법을 바탕으로 본문의 구문 구조를 아주 단순하게 정리하면 다음과 같다.

하나님의 형상 = 사람 = 남자와 여자(한 몸: 공동체성)

　　이것을 보면 그 누구도 '하나님의 형상'이 '남자와 여자'로 이루어진 '공동체(한 몸)'임을 부인하지 못할 것이다.(나용화. 33-39) 여성 안수 문제와 관련된 성경 본문을 살피는 사람들은, 이 기본 틀이 가지고 있는 대전제를 절대 망각하면 안 된다. 하나님의 형상인 사람, 곧 남자와 여자를 창조하신 뒤 창조주 하나님께서 '심히' 기뻐하셨다(창 1:31). 일곱째 날에 안식(창 2:1-3)하시기 전, 남자와 여자가 창조된 이 여섯째 날(히. 욤)에 하나님은 이 남자와 여자를 보시며 '심히' 흡족해하셨다. 한마디로 남자와 여자의 '한 몸'이 곧 '하나님의 형상'이고 그 하나님의 형상이 곧 '남자와 여자'이기에 자신의 '형상'인 그들을 보며 삼위(三位) 하나님이 심히 기뻐하셨다는 뜻이다. 그리고 하나님께서는 '그들' 곧 한 몸인 남자와 여자에게 복을 주셨다(창 1:28). 여기서 성경이 '남자와 여자'

라고 하지 않고 굳이 '그들'이라는 복수형 인칭대명사를 쓴 이유를 잘 생각해 봐야 한다.(나용화, 24-26)

2) 남자와 여자: 생일이 같다.

한 가지 더, 신약의 바울서신에서 특히 전통적인 여성 안수 반대론자들이 즐겨 인용하는 본문에 남자·여자의 창조 순서를 언급하는 대목이 더러 있어서 미리 짚어두는데, 남자와 여자는 여섯째 날에 창조되었다는 사실, 곧 생일이 같다는 것을 잊지 말아야 한다. 쉽게 말해서 남자·여자의 창조 순서라는 것이 그냥 '이란성 쌍둥이'의 출생과 엇비슷하다는 이야기다. 창세기 2:18 이하의 여자 창조 기록은, 이 쌍둥이 창조와 관련하여 '반쪽'(다음 항목 '돕는 배필'에 대한 설명 참조)인 남자의 또 다른 '반쪽'으로 창조된 여자의 '본질'을 설명하는 이야기일 뿐이다. 쌍둥이의 출생 순서가 두 사람을 '차별'하는 근거가 된다고 생각하는 '바보'는 정말 없으리라 생각한다. 같은 날 태어난 쌍둥이들이 누가 먼저고 누가 나중인지를 오늘의 개신교 보수교단 신학자들처럼 교회 안에서 평생 치열하게 다투는 것이 하나님께서 보시기에 얼마나 우스운 짓인지 한번 생각해 보라. '남자와 여자'를 창조하시고 심히 좋아하셨던 하나님께서 보시기에, '반쪽'인 남자가 혼자 사는 것이 좋지 않다(창 2:18)고 성경이 분명하게 증언한다. 그래서 그를 돕는 또 다른 '반쪽'인 여자를 창조하여 그들을 한 몸으로 만들기로 삼위 하나님께서 작정하셨다.

2. 창세기 2장 18절: "돕는 배필"

1) 돕는 배필=반쪽

창세기 2:18의 '돕는 배필'로 번역된 히브리어(에제르 케네게도: 에제르+네게드)를 직역하면 '마주 보는 짝'이고 약간 의역하면 '가장 잘 어울리는 짝'이다. NIV 영어성경에서는 우리말 성경보다 약간 세밀하게 'helper suitable for(어울리는) him'으로 번역했고, KJV와 ASV 영역본에서는 'an/a help meet for(마주 보는) him'으로 번역했다. 따라서 요즘 부부 사이에 자주 사용되는 '반쪽'이라는 말이 사실상 이 히브리어의 본뜻에 가장 가깝다. 나용화 교수는 이 말을 '남편 옆에서 지켜 주는 자'라는 뜻인 우리말 '여편네'로 번역하고 있다.(나용화, 56) 하나님을 이스라엘의 '에제르'(돕는 분)로 표현하는 성경구절들도 있다는 점(출 18:4; 신 33:7; 삼상 7:12; 시 20:1-2)에서 이것은 아주 좋은 '번역어'이다. 하지만 제주 방언에서 '여펜네'(예펜네)가 '아내를 낮춰 부르는 말'(김학준, 343-345)이고 그 외 다른 지방에서도 오늘날 '여편네'라는 말이 아내(여성)를 비하(卑下)하는 뜻으로 많이 변질된 것을 감안할 때, 내 생각에는 여자—남자의 '동등성'을 강조하는 뜻에서라도 이 말을 그냥 '반쪽'으로 번역하는 것이 더 나아 보인다. 아무튼지 여성 안수를 반대하는 이들이 히브리어 원문과 거리가 있어 보이는 한글 번역을 문자적으로 받아들여 여자를 단순히 '남자를 돕는 이'로 이해하(려고 몸부림치)는 것은 "성경을 제대로 읽을 줄 모른다"는 창피한 고백에 지나지 않는다. 이 '돕는 배필'을 '반쪽'으로 이해하고 창세기 2:18을 다시 읽어보면 이런 뜻이 된다.

아담이 '반쪽'으로 사는 것이 "좋지 않다."

여기서 "좋지 않다"는 말은 분명히 창조주 하나님의 평가다. 그래서 하나님은 여섯째 날, 즉 같은 날에 반쪽인 아담의 또 다른 반쪽을 지으셨고, 그 둘을 일컬어 '하나님의 형상'이라 말씀하셨던 것(창 1:26-28)이다. 동등한 '반쪽'과 '반쪽'이 만나 한 몸 되게(창 2:24)하셨고, 한 몸 된 그들을 보며 '심히' 기뻐하셨다(창 1:31). 그러기에 '돕는 배필'이라는 말은, 창세기 1:26에 나오는 창조주이신 삼위(三位) 하나님의 '우리'라는 호칭처럼, 아담과 하와의 '서열'이나 '계급'을 말하는 것이 아니라 '상호성'과 '동등성' 그리고 '상호의존성'을 가리키는 것이다(삼위일체론 관련해서는 나중에 다시 이야기하겠다). 반쪽이었던 아담이 또 다른 반쪽인 하와를 보자마자

> 조트 하파암 에쩸 메아짜마이
> 우바싸르 미베싸리(창 2:23)

> 이는 내 뼈 중의 뼈요
> 살 중의 살

이라고 인류 최초의 사랑 노래(詩)를 부르면서 몹시 즐거워했던 이유와, 한몸인 두 사람을 보며 하나님이 심히 기뻐하셨던 이유는 똑같다.

이어지는 사랑 노래(詩)는 또 이렇다.

레즈트 이카레 **이솨**

키 메**이쉬** 레카하―조트

이솨(여자)라 칭하리라.

이쉬(남자)에게서 취하였은즉

여기서 아담은 자신을 '이쉬'(남성 단수)로, 하와를 '이솨'(여성 단수)로 일컬었다. 한 번 더 읽어 보자.

'이솨'라 부르리라.

'이쉬'에게서 취하였은즉

히브리어의 통사구조(syntax)를 떠나서 창세기 2:23 원문에서 '이솨'(여자)라는 말을 '이쉬'(남자)보다 앞세우는 아담의 이 아름다운 사랑 고백 시(詩)에서 독자께서는 무엇을 느끼시는가. 한마디로 아담이 하와를 자신과 '똑같은 사람', '한 몸'으로 명확하게 인식하며 한없이 존중하고 있는 것으로 느껴지지 않는가. 그런 점에서 영어 번역 성경의 'wo-man'과 'man'은 우리말 번역보다 이 히브리어 원문의 분위기와 좀 더 가깝다. 내가 보기에 이 '이쉬'와 '이솨'를 우리 말에서 '남자'와 '여자'(물론 '자' 자 돌림은 같지만)로 어순을 바꿔 번역한 것은 히브리어 시(詩)의 어감과 분위기를 꽤 많이 덜어낸 듯하여 아무리 생각해도 아쉽기 그지없다. 나 같으면 적어도 이 부분만큼은 히브리어 원어의 분위기를 그대로 살려 "'남벗'이라 하리라. '남자'에게서 취하였은즉" 정도로 번역하고 싶은데 독자 여러분들의 생각은 어떠신가. 아무튼지 이 사랑 노래를 보면 적어도 타락하기 전의 아담은 하와를 '너'로 보지 않고 '마주보는 또 다른 나'로 확실하게 인식하였음을 알 수 있다. 다시 말해서 자기 아내인 하와를 '너'가 아니라 '한몸'인 '나'로 기쁘게 받아들였다는 뜻이다. 여담이지만 이런 점에서, 그 대상(평화시장의 불쌍한 여공들)은 좀 다를지라도 신앙고백에 기반한 전태일 선생님의 "너는 나의 나"(송필경, 118)라는 표현은 지극히 성경적인 고백으로 보인다. 이렇게 동등한 남녀 반쪽들이 만나 '한 몸'을 이루고 서로 동등하게 서로를 의지하며 하나님의 형상을 드러내는 삶, 바로 이런 남·녀의 하나됨을 하나님이 심히 기뻐하셨던 것이다.(강호숙, 2016:104-108) 적어도 최초의 인류가 타락하기 전 '자발적으로' 아내를 남편인 자기보다 앞세우는 아담 부부의 관계는 이토록 눈부시게 아름다웠음(창 1-2장)을 잘 기억하고 '여성 안수'라는 주제를 계속 생각해 보시기 바란다.

창조(창세기 1-2장)-타락-구속-완성(요한계시록 21-22장)

이라는 하나님의 위대한 구속(救贖) 경륜, 그 출발점이 바로 이런 모습이고 그 아름다운 모습이 장차 새 하늘 새 땅(계 21-22장)에서 오늘 우리가 상상하는 것보다 훨씬 더 눈부시고 가슴 벅차게 완성될 것이기 때문이다. 다들 아시는 내용이지만 좀 간략하게 하나님의 이 대속(代贖) 경륜을 요약 정리하면 다음과 같다.

[창조] 하나님이 말씀하셨다–그대로 되었다–하나님이 보시기에 좋았다(창 1–2)

[타락] 하나님이 말씀하셨다–그대로 안되었다–하나님이 보시기에 안 좋았다

[구속] 하나님이 '예수 안에서' 다시 말씀하셨다–다시 그대로 되었다–다시 보시기에 좋았다

[완성] 에덴동산(창 1–2)의 회복과 완성: 새 하늘 새 땅(계 21–22)

하나님의 대속(代贖) 경륜을 이렇게 간추려서 이해하면 인간의 몸으로 오신 예수님이 왜 하나님(메시아)인지를 정확히 알 수 있고(예수님이 말씀하시면 그대로 되었다) 왜 그분을 믿고 구원받아야 장차 새 하늘 새 땅에 들어갈 수 있는지를 알 수 있다. 어떤가? 굳이 성경 해석학적인 연구 결과를 시시콜콜 들먹이지 않더라도 예수 믿는 사람들의 모임, 주님의 몸이자 성전(聖殿)인 교회 안에서 여자–남자의 관계가 어떠해야 하는지, 어느 방향으로 가는 것이 맞는지 이 흐름만 보아도 한눈에 들어오지 않는가?

2) 하나님: 우리를 '돕는 분'

여자가 남자를 '돕는'(히, 에제르) 배필(짝)이기 때문에 남자가 '우선'이라는 허튼 생각을 하는 이들은, 구약성경 여러 곳(출 18:4; 신 33:7; 시 20:1–2)에서 '하나님'을 이스라엘을 '돕는'(히, 에제르) 분으로 묘사하고 있다는 사실을 설명할 수 있어야 한다. 같은 뜻에서 사무엘상 7:12의 '에벤에셀'(도움의 돌: stone of help)이라는 말에도 이 '에제르'라는 낱말이 들어있다. 창세기 2:18에 기대어 여성

안수를 반대하는 이들의 주장대로라면 '우리를 돕는 하나님'께서 '피조물인 우리만 못한 분'이라는 결론이 나와야 할 것이다. 그들 말대로 만약 그것이 '질서'라고 한다면 그런 '질서'를 도대체 무슨 질서라 할 수 있을 것인지 솔직히 무척 궁금하다. 남녀 둘이 '한 몸'이 되어 온전한 '하나님의 형상'으로서 이 세상에, '보이지 않는' 하나님의 모습을 구체적으로 보여주는 삶(이것을 예술 이론에서는 '형상화'라고 하지만, 이 글은 '형상화'라는 개념을 다루는 것이 목적이 아니기에 그에 대한 자세한 설명은 하지 않겠다), 그런 삶을 살아낼 남자와 여자를 창조하신 뒤 하나님께서 '심히' 기뻐하셨다. '진흥왕 순수비'나 '광개토왕릉비' 혹은 우리나라 관공서에 예전에 걸려있던 몇몇 '대통령의 사진'에서 보듯이, 이 '형상'은 누군가의 '통치권·통치범위'를 드러내는 것이다. 그런 점에서 "충만하라·정복하라·다스리라"(창 1:28)라는 삼위(三位) 하나님의 명령이 바로 이 '형상'의 역할과 기능 그리고 둘이 한 몸 된 '사람'의 '소명'(vocation; calling)을 가리키는 것이다. 한 몸인 여자와 남자가 이 기능을 잘 감당할 것을 기대하셨기에, 남·녀 한 몸이자 자신의 형상인 아담 부부를 보시며 삼위(三位) 하나님께서 "심히" 좋아하셨던 것이다.

3. 창세기 3장 16절의 재해석

1) 창세기 3:16의 전통적인 성경 해석

한 가지 더, 창세기 3:16 하반절과 관련하여 확인해야 할 성경 해석학적 문제가 있다. 이 땅에 기독교가 들어오면서 기독교가 여권 신장에 가장 큰 공헌을 했음에도(박영호, 2021:152) 여전히 여성 안수를 반대하며 여성을 노골적으로 차별하는 이들은 이 본문의 우리말 번역을 문자적으로 무척 좋아하여, "여자는 **남편을 원하고**(사모하고) 남편은 여자를 **다스려야 한다**"고 꿀떡같이 믿고 있다. 그래서 여자(아내)는 평생 '남편 바라기'로 살고, 남자(남편)는 아내를 다스리며 사는 것이 성경적이라고 함부로 주장한다. 이 땅에 예수 그리스도의 복음이 들어오기 전 18세기 조선 시대라면 그런 말을 할 수도 있을 것이다. 여자들한테는 이름도 지어주지 않고 공부도 안 시키며 삼종지도(三從之道), 칠거지악(七去之惡), 열녀(烈女), 수절(守節) 같은 비인간적인 족쇄를 채워 집안에 가둬 놓고 조신하게 십자수(十字繡)나 놓게 하면서도, 양반 한량들은 축첩(畜妾)에 수시로 기방(妓房)을 출입하는 것이 마치 사내대장부의 미덕인 듯 여겼던, 도덕적으로 푹 썩은 시대였기 때문이다. 아무튼지 성경 해석 능력이 부족하면 흔히 이런 식의 엉뚱한 오해를 하게 되고, 그 오해를 바탕으로 줄기차게 비인간적이고 비성경적인 주장을 하며 하나님 앞에 계속 죄를 짓게 되어 있다.

2) 올바른 히브리어 구분 분석

내가 총신대학교 신학대학원에서 공부할 때 나를 가르쳤던 저명한 구약학 스승 교수님께서는 "이 본문은 히브리어 평행법과 관계 있다"고 말씀하셨다. "히브리어 평행법에서 앞뒤 구절이 같은 내용일 때는 두 구절에 있는 낱말을 하나씩 교차해서 생략할 때가 있다" 하셨는데, 나는 은사님의 그 탁월한 관점과 해석이 성경 66권의 '통전적 경륜', '하나님 나라'의 궁극적 지향점(새 하늘 새 땅)에 비추어 훨씬 더 잘 어울린다고 생각한다. 아래 괄호 속에 있는 낱말이 히브리어 평행법에서 '교차 생략'된 것으로 추정되는 낱말들이다.

> '너'는 남편을 (다스리기를) 원하고
> '남편'은 너를 다스리기를 (원할) 것이다.

이렇게 보면, '주어'만 다를 뿐 내용은 앞뒤 구절이 똑같은 이 창세기 3:16 본문은, 남편과 아내가 서로 '갈등 관계'에서 '힘겨루기'(창 3:5, "하나님과 같이 되어", 가장 원초적인 죄: 하나님 노릇하기, 갑질)를 하게 된 것이 범죄로 인한 타락의 결과라는 것을 분명하게 지적하고 있다. 그렇다면, 이 타락 때문에 찾아온 죽음을 걷어내기 위해 피조물인 사람의 몸을 입고 참인간으로 이 땅에 오신 예수님의 십자가 대속(代贖) 사역, 그로 인한 구원 이후의 남녀관계는 어떠해야 하는가. 예수님이 오시기 전 타락한 상태 그대로, 여성 안수를 반대하는 이들이 입맛대로 이 구절을 해석하는 방식대로 한다면, 18세기 때처럼 여자는 마냥 한평생 '남편 바라기'로, 남자는 지금 우리 예장합동 교단처럼 여자를 계속 마구 '다스리고 차별하며' 독재자처럼 사는 것이 정당하다는 것인가. 그것이 예수 그리스도 안에서 구원받은 남녀 인간, 하나님의 자녀, 천국 백성에게 정말 합당한 삶, 하나님께서 참으로 기뻐하시는 천국 시민의 삶인지 정직하게 다시 생각해 봐야 하지 않겠는가.

3) 대속(代贖) 사역의 효력

예수님이 성부 하나님의 뜻을 받들어 인성(人性)을 입으시고 '우리 곁에 오심(임마누엘)'으로 모든 것이 변했다. 사탄이 하늘에서 쫓겨났고, 세상의 썩은 질서가 회복되었다. 그분이 십자가를 지심으로 '새 창조' 질서가 세워졌다. 모든 장벽이 무너졌다. 심지어 성전의 휘장도 위에서 아래로 갈라져 남녀 구분 없이 모든 믿는 사람이 하나님의 보좌 앞에 담대히 나갈 수 있는 길이 열렸다(마 27:51; 히 4:16). 그 가운데 가장 두드러진 것이, 여성을 존중하시고 여성들의 굴레를 벗겨주신 것이다(요 4:1-42 참조). 예수님의 대속(代贖) 사역에서 가장 중요한 사건이 십자가와 부활인데, 비겁한 남자 제자들은 십자가 처형의 참혹한 현장에서 다 도망쳐 버렸어도 여성 제자들은 십자가를 바라보며 예수님의 죽음을 끝까지 지켜보고 있었다(마 27:55-56). 사흘 뒤 감격스럽게 부활의 첫 소식을 전파하는 기독교 역사상 중차대(重且大)한 일을 하나님이 여성들에게 허락(마 28:1-10)하셨던 이 엄청난 사건의 의미(박영호, 2021:162-163)를 도대체 어떻게 설명할 것인가. 이 못난(?) 여성들이 전하는 예수님의 부활 소식을 그 잘난(?) 남자 사도들은 또 어떻게 그토록 쉽게 믿을 수 있었을까? 사도 바울의 영적인 아들인 디모데 목사는 또 어떻게 여성인 어머니와 외할머니를 통해(딤후 1:5) 신앙 교육을 받을 수 있었을까? 여성을 사람 취급하지 않던 시절에 여성들의 인권을 보호하기 위해 이혼을 단호히 반대(막 10:1-12)하셨던, 당시로서는 아주 혁명적인 예수님의 가르침은 또 어떻게 받아들일 것인가. 예수님의 대속(代贖) 사역으로 모든 '막힌 담'이 허물어졌는데(엡 2:14; 히 4:16), '여성 차별', '여성 인권 유린'이라는 장벽만은 아직 그대로 남아 있다는 것인가? 만약 그 장벽이 지금의 예장합동 '교단 헌법'처럼 아직 그대로 남아 있다고 한다면 그리스도의 대속(代贖) 사역은 아주 '불완전한' 것이 될 텐데, 예수님의 '완전한' 대속 사역을 그렇게 신성모독적인 자세로 평가 절하해도 상관없다는 것인가.

4. 여성 사역자 드보라는 '2류 사사'인가?

1) 갑자기 드보라는 왜?

뜬금없이 여성 사사 드보라(삿 4장) 이야기(박유미, 121-124)를 꺼내는 것이 좀 의아할 것이다. 그 이유는, 구약성경에서도 여성의 지도력을 큰 폭으로 인정하고 있어서(박영호, 2021:153) '여성 지도자' 문제를 다룰 때 우리가 반드시 참고해야 할 중요한 인물이 구약의 여성 사사 드보라이기 때문이다. '드보라를 누가 세웠는가'에 대한 이해는 '하나님께서 여성 지도자를 세워 쓰실 수 있는가 없는가'에 대한 아주 중요한 '시금석'이 되기 때문이기도 하다.(J. J. Davis, 17-18) 언약 공동체에서 여성 지도자의 역할, 그리고 바울이 창조 본문을 사용한 것과 관련하여 '드보라'라는 여성 사사 사례는 특히 이 '여성 안수'라는 주제와 아주 깊은 관련이 있다.

2) 여성 사사 드보라는 지도자가 아닌가?

성경은 그 당시 랍비돗의 아내 드보라가 이스라엘의 사사로 일하고 있었다고 말한다(삿 4:4). 그는 에브라임 산지에서 "드보라의 종려나무"로 이름 붙여진 나무 아래서(B. Lindars, 183) "사사로 사역"했고,(R. Boling, 95) "이스라엘 자손은 (그들의 분쟁을 해결하기 위해) 그 앞에 나아가 재판을 받았다"(삿 4:5). 성경 저자는 그가 사법적 권위를 행사한다는 것을 분명히 이해하고 있었다. 드보라의 활동을 나타내는 데 사용된 히브리어 동사 '쇠파트'(심판하다)는 모세(출 18:13)와 사무엘(삼상 17:6)의 재판 활동을 설명하는 문장에서도 똑같이 쓰였다.(박유미, 85-125 참조) 모세 율법(신 16:18-20)에 따라 각 지파와 성읍에 임명된 사사들은 공의를 공평하게 집행하고 "하나님 여호와"(신 17:12)와 그분의 권위를 대표하였다.

3) 드보라는 사사시대의 두 번째 모세

로빈 데이비스가 최근 논문에서 지적한 바와 같이 모세와 드보라의 유사점은 아주 많고도 놀라울 정도다.(R. E. Davis: J. J. Davis 18-20에서 재인용)

두 사람 다 재판을 하기 위해 앉았고,

백성이 그들에게 나아왔다(출 18:13; 삿 4:5).

둘 다 주님의 말씀을 선포했다(출 7:16; 사기 4:6).

둘 다 선지자였다(신 18:15; 삿 4:4).

둘 다 축복을 선포했다(출 39:43; 삿 5:24).

둘 다 여호와의 이름으로 저주도 선언했다(신 27:15; 삿 5:23).

둘 다 남성 군인 장군(여호수아, 바락)을 이끌고 있었다.

둘 다 여호와께서 원수를 어떻게 물리칠 것인지

백성에게 지시했다(출 14:14; 삿 4:6).

두 경우 모두, 주님은 병거(兵車) 탄 원수를

공포에 떨며 달아나게 하셨다(출 14:24; 삿 4:15).

모세와 여성 사사 드보라를 통해 이루신 하나님의 위대한 승리가, 먼저는 산문(散文)으로(출 14장; 삿 4장), 그다음으로는 시(詩)로(출 15장; 삿 5장) 성경에 아름답게 기록되어 있다. 모세(그리고 미리암, 출 15:1)와 드보라(그리고 바락, 삿 5:1)는 백성들이 큰 구원을 얻기 위해 하나님께 경배하도록 이스라엘을 인도했다. 사사기에서 드보라는 이렇듯 시내산의 하나님으로부터 권위를 얻은 "두 번째 모세"처럼 어엿하게 등장한다.(R. E. Davis: J. J. Davis 18–20에서 재인용)

4) 여성 사사 드보라는 누가 세웠는가?

'드보라'라는 여성은 디모데전서 2:12 말씀을 근거로 여성 안수를 반대하는 "전통적인" 해석에 특별한 난제(難題)를 제기한다. 전통적인 여성 안수 반대론자들의 주장처럼, 바울이 창조 기사를 인용한 것이 모든 여성이 언약 공동체에서 남성 위에 권위를 행사하는 것을 '금지'하려는 의도가 있는 것이 사실이라면, 바울 사도는 하나님께서 '허용'하신 것(하나님께서 여성 지도자를 세워 쓰신 일)을 분명하게 '금지'한 것이며, 그렇다면 이것은 성경 자체 내에서 아주 심각한 모순을 불러일으키게 될 것이다. 여성 안수를 반대하기 위해 이 난제(難題)를 회피해 보려는 다양한 시도는 설득력이 전혀 없다. 드보라가 권위를 정당하게 받아 행사하지 않고 제멋대로 나서서 그것을 '찬탈'했는가?(딤전 2:12에 사용된 낱말 '아우텐테인'에 대한 설명 참조) 여성인 드보라는 이스라엘에서 '2류 사사'였는가?(B. Lindars, 134) 사사기나 구약 전체나 신약에 하나님께서 드보라의 활동을 승인하지 않으셨다는 표시는 전혀 없다. 반대로 여성 사사 드보라가 세워진 일은 하나님께서 그분의 은혜로 "그들을 구원하는 사사들을 일으키셨다"는 사사기 2:16에 기록된 하나님의 방침에 비추어 이해되어야 한다. 그녀의 지도력은 정확히 그렇게 하나님으로부터 신성하게 권능을 받은 활동의 아주 주목할 만한 사례(事例)이다. 여성인 드보라의 지도력은 분명히 다른 남성 사사들과 마찬가지로 지파의 경계를 초월하여 이스라엘 전체에서 널리 인정받았다.(박유미, 85-125) 드보라를 통한 하나님의 부르심을 인정하고 여성 사사 드보라를 따랐던 이스라엘의 남성 지도자들은 '책망'이 아니라 오히려 '칭찬'을 받았다.

5) 드보라는 긍정적인 여성 지도자 모델

지금까지 살펴본 내용의 의미는 드보라가 언약 공동체에서 권위를 행사하는 여성의 부정적인 본보기(W. Grudem, 133)가 아니라 매우 긍정적인 본보기라는 것이다.(강호숙, 2020:274-278) 드보라는 남성 중심의 가부장제가 주도적이던 구약 성경 역사의 시대 상황 때문에 어쩔 수 없이 다소 이례적이고 예외적인 사례로 보일 수밖에 없지만, 그러함에도 그는 여성 사역자의 아주 긍정적인 본보기이다. 하나님께서 친히 드보라를 사사로 세우셨고, 아울러 하나님이 '작정'하신 것은 본질적으로 잘못된 것이 아니므로, 교회사적 맥락에서 여자가 남자에게 하나님이 세우신 권위를 행사하는 것 역시 본질적으로 잘못된 것이 결코 아니다. 긍정적인 예인 드보라의 경우로 볼 때 나중에 확인하겠지만 디모데전서 2:12 말씀처럼 모든 여성이 교회에서 남성 위에 권위를 행사하는 것을 하나님께서 항상 금지하신 것은 아니다. 여기 제시된 이런 성경 독법(讀法: 해석)은 때때로 그 백성을 인도하도록 하나님의 부르심을 받은 또 다른 "드보라들" 또 다른 "여성 지도자들"을 얼마든지 기대할 수 있는 해석학적 공간을 아주 넓게 열어준다. 아래 인용하는 민수기 11:29, 사도행전 2:17-18 말씀을 묵상해 보라.

> 여호와께서 그의 영을 그의 '모든 백성'에게 주사 '다' 선지자가 되게 하시기를 원하노라(민 11:29 하, 모세의 말)

> 하나님이 말씀하시기를 말세에 내가 내 영을 '모든 육체'에 부어 주리니 너희의 자녀들은 예언할 것이요 너희의 젊은이들은 환상을 보고 너희의 늙은이들은 꿈을 꾸리라 그때에 내가 내 영을 '내 남종과 여종들'에게 부어 주리니 그들이 예언할 것이요(행 2:17-18; 욜 2:28-29)

하나님께서 여성 지도자 드보라를 이렇게 분명히 불러 위대한 지도자로 세우셨다. 이렇듯, 그분의 여종·남종을 때에 맞게 적재적소(適材適所)에 들어 쓰시는 하나님의 이 인재 등용 '원칙'이 '신약시대'라 해서 달라지거나 변했다고, 아니 구약시대보다 오히려 후퇴했다고 혹시 착각하고 있는 것은 아닌가?

5. 삼위일체론: 삼위 하나님의 '질서'?

더 가관인 것은, "삼위 하나님 사이에도 '질서'가 있지 않으냐? 성자께서 성부에게 복종(?)하지 않으셨냐?"고 강변(强辯)하는 한심한 자들도 있다는 점이다.

예장합동 교단 헌법 '신조'의 서언에는 "웨스트민스터 신도게요서와 성경 대·소요리문답은 성경을 밝히 해석한 책으로 인정한 것인즉"이라는 말이 들어있다. 교단 헌법 정치 제15장 제10조 '임직예식', 목사들의 (안수)임직 서약 두 번째 항에도 "본 장로회 신조와 웨스트민스터 신도게요 및 대·소요리문답은 신구약 성경의 교훈한 도리를 총괄한 것으로 알고 성실한 마음으로 받아 신종하느뇨?"라는 질문이 있다. 당연히 나도 이 질문에 "예"라고 대답하고 목사로 안수 받았다. 예장합동 교단이 성경 다음으로 중요하게 여기는 웨스트민스터 신도게요이므로 웨스트민스터 요리문답의 삼위일체 관련 문답을 직접 한번 확인해 보자. 그 가운데 성경 소요리문답 '6항'의 문답 내용은 다음과 같다. 교단 헌법 책에 있는 내용을 그대로 인용하겠다.

> 문: 하나님의 신격에 몇 위가 계신가?
> 답: 하나님의 신격에 삼위가 계시니 성부와 성자와 성령이신데 이 삼위는 '한 하나님'이시다. 본체는 '하나'요 권능과 영광은 '동등'이시다. (고후 13:13; 마 3:16-17, 28:19; 고후 8:14; 요 1:1, 4:18; 행 5:3-4; 히 1:3)

또한 성경 대요리문답 문 9-11의 문답 내용은 다음과 같다.

문 9: 신격에는 몇 위가 있는가?

답: 신격에는 삼위(三位)가 계시니 곧 성부 성자 성령이시며 이 삼위일체는 홀로 참되신 영원한 하나님이시며 본체는 '하나'이시며 권능과 영광은 '동등'하시나 그들의 '위적 특성'에서만 다르시다. (요일 5:7; 마 3:16-17; 마 28:19; 고후 13:3; 요 10:30)

문 10: 삼위일체 하나님의 삼위와 구별된 특성은 무엇인가?

답: 영원부터 성부가 성자를 낳으심은 성부에게 고유하며, 성자가 성부 하나님에게 낳으신 바 되심은 성자에게 고유하고, 성령이 성부와 성자에게 나아오심은 성령에게 고유한 것이다. (히 1:5 6; 요 1:14, 18, 15:26; 갈 4:6)

문 11: 어떻게 성자와 성령이 성부와 '동등'한 하나님으로 나타나시는가?

답: 성경은 오직 하나님께만 고유한 성호, 속성, 일, 예배를 성자와 성령에게 돌림으로써 성자와 성령이 성부와 '동등'하신 하나님이심을 나타낸다. (사 6:3, 5, 8; 요 12:41; 행 28:15; 요일 5:20; 행 5:3-4; 요 1:1; 사 9:6; 요 2:24-25; 고전 2:10-11; 골 1:16; 창 1:2; 마 28:19; 고후 13:14)

창세기 1:26에서 하나님이 자기 형상대로(창 1:27) 사람을 창조하실 때 삼위 하나님 자신을 가리켜 "우리"(창 1:26)라는 말을 세 번이나 하신 것으로 볼 때 '하나님의 형상'은 곧 '삼위 하나님의 형상'이고, 그러기에 반쪽인 여자와 남자의 '한몸'이 곧 '하나님의 형상'이라는 것을 이 책의 앞부분(1, 2항)에서 이미 충분히 설명했다. 삼위 하나님에 대해 진술하고 있는 이 웨스트민스터 신도게요 요리문답서에 여러 번 나오는 삼위 하나님의 '동등', '하나'라는 말과 '위적 특성'의 차이(대요리문답 문 9)라는 말 외에 혹시 '질서'나 '차별' 혹은 '지배'나 '복종'이라는 말을 찾을 수 있겠는가? 혹시 대요리문답 문 10의 '낳으심'과 '낳으신 바 되심'이라는 말을 '질서'라고 착각하는 것은 아닌가? 백 걸음 양보해서 그것을 '질서'라 하고, 그렇다면 혹시 주님의 몸인 교회 안에서 '남자 교인'이 '여자 교인'을 낳았고 '여자 교인'은 '남자 교인'으로부터 낳은 바 되었다고 생각하는가?

예수님을 "나무(신 21:23) 십자가에 매달아 죽이라"(마 27:22)고 선동했던 바리새인들의 모습에서 볼 수 있듯이, 왜곡된 신학 전통과 그릇된 확신 그리고 '기득권'을 사수하려는 '권력욕'은 그토록 무섭고 위험한 것이다. 오늘날 여성 차별(인권 유린) 문제에 대한 교회 내부의 전통적으로 왜곡된 '남성 위주'의 신학적 관점도 마찬가지다. 신성(神性)을 지니신 하나님과 죄로 부패한 본성을 지닌 피조물을 일대일로 나란히 놓고 보는 '신성모독적 관점'의 한심함은 말할 것도 없고, 하나님의 본체(本體)이신 예수님께서 완전한 '인성(人性)'을 입으시고 우리 곁에 오셔서(성육신) '온전한 참인간'으로서 공생애 기간에 '지상(地上)'에서 '하늘' 아버지와 긴밀히 '소통'하셨던 사실을 악착같이 남녀 차별의 근거로 삼는 것은 아주 완악하고 한심한 오만과 무지의 결과다.

'삼위일체론'의 핵심은, 성부께서 성자를 이 땅에 '파송'하셔서 성자가 대속(代贖) 사역을 완성하게 하심으로 인류 구원의 대업(大業)을 이루셨다는 것이다. 한번 물어보자. 그렇다면 성부께서 성자를 파송하셨듯이, 피조물인 남자가 역시 피조물인 여자를 언제 어디로 파송한 적이 있다는 말인가? 다시 말해서, 교회 안에 있는 남자들(목사·장로)이 여자 교인들을 언제 어디로 파송하였는가? 백 걸음을 양보해서 남자들이 여자들을 어디론가 파송했다 치고, 그렇게 해서 교회에서 도대체 무슨 거룩한(?) '질서'가 세워질 수 있다는 것인가. 설마, 많은 교회에서 대체로 그렇듯이, 공예배 순서를 맡겨 놓고도 여성 교인들은 상(上) 강단에 올라가지도 못하게 하고, 교회 행사가 있을 때마다 여성 성도들을 한복 곱게 입혀서 교회 현관에 일렬로 세워 놓고 손님들께 90도로 인사하며 생강차나 나르도록 하는 것, 여성 교인들에게 시도 때도 없이 강대상 청소와 주방 설거지나 실컷 시키는 것이 소위 '개혁신학'과 '보수신학'이 내세우는 교회 안 남녀 '질서'의 본질이라 끝끝내 우기는 것인가. 한마디로, 메시아(성자 하나님)께서 '남자'가 아닌 '여자'(마리아)의 몸을 빌어 이 땅에 오셨던 명백한 사실(눅 1:26-38, 2:1-40)을 남자 목사·남자 신학자들은 어떻게 생각하고 있는지, 그것을 무슨 논리로 어떻게 설명할 것인지 몹시 궁금하다.

6. 12사도 중에 여자는 없었다?

어떤 이는 이르기를 "12사도 중에 여자가 없었다"는 논리를 펼치기도 하는데, 그것은 과거 조선시대 봉건사회처럼 여성을 사람 취급하지도 아니하여 '법정 증인' 자격도 주지 않던(박영호, 151-165) 참혹한 시대에, 생명의 복음을 땅끝까지 전파하기 위한 고육책(苦肉策)이나 다름없는 예수님의 '임시 선교 전략'의 결과였음을 정말 헤아리지 못하는 것인가. 어느 유대교 랍비는 유대인 남자들에게 "'이방인'으로 태어나지 않은 것, '노예'로 태어나지 않은 것, '여자'로 태어나지 않은 것" 세 가지를 감사하라고 가르쳤다 한다. 여성을 사람 취급도 하지 않는 그런 사회적 배경 때문에 '오병이어(五餠二魚)의 이적' 현장에 모였던 사람들의 숫자(요 6:10)가 여자와 아이들은 뺀 오직 유대인 성인 남자만 헤아린 것이라는 것을 신학교에서 귀에 못 박힐 정도로 배우지 않았던가? 예수님 당시 유대 사회에서 여성이 얼마나 천대받고 있었는지 수업시간에 졸지 않았다면 신학을 공부하면서 똑똑히 배우지 않았던가? 만약 예수님이, '문화충격'을 전혀 생각하지 않고 당시 사람 취급도 받지 못하여 사회에서 '법정 증인'의 자격도 주지 않았던 여성들을 사도로 세웠다면 오늘과 같은 기독교 복음의 세계화가 그토록 발 빠르고 눈부시게 이루어졌을 것 같은가.

이런 사정(속도를 조절하기 위한 부득이한 임시 조치)은 신약 서신서 여러 곳에서 확인된다.

사라가 아브라함을 주(헬. 퀴리온 〈 퀴리오스)라 칭하여 순종한 것

같이 너희는 선을 행하고 아무 두려운 일에도 놀라지 아니하면

그의 딸이 될 것이라(벧전 3:6)

헬라문화권에서 아내가 남편을 퀴리오스(主)라 부르는 관행이 있었는데 인용한 베드로전서 3:6에서 볼 수 있듯이 사도 베드로 역시 이 관행을 용납했다(박영호, 2021:160)는 점이나, 분명히 악하고 비인간적인 제도임에도 '귀족—평민—해방노예(리버디노)—노예'라는 계층구조가 아주 자연스러웠던 1세기 사회 문화(박영호, 2021: 171) 속에서, 예수님의 복음(福音) 덕에 교회 안에서 이 모든 계층이 뒤섞여 한 공동체를 이루고 있는 상태에서, '속도'를 조절하기 위해(박영호, 2021:180) '노예 제도'에 대해 사도들이 명확한 지침을 주지 않고 있는 점(엡 6:5-9)에서도 거듭 확인된다. "12사도 중에 여자가 없었다"는 말을 하는 이들 중에 혹시 '남자 목사'를 '사도'급으로 여기고 싶은 교만한 마음이 있는 것은 아닌가 (우리 교단 헌법 4장 1조 '목사의 의의'에도 그런 표현은 아예 없다). 좀 더 정확하게 말하자면 12사도직은, 구약의 12지파에 상응하는 새 언약의 기초로서 반역의 땅에 교회의 터를 세우기 위해, 예수님의 '속도 조절용 임시 선교 전략'에 따라 '오직 유대인 남자에게만 주어졌던 한시적인 직분'이었는데(사실은 여성 중에도 당시 '사도'로 불리던 '유니아'같은 인물도 있었다. 이 점은 나중에 다시 설명하겠다. 이 책 제1부의 11-3항 참조) 그 사도직을 근거로 여성 안수를 반대하는 사람들은 유대인의 입장에서 볼 때 철저하게 이방인인 자신(한국인)을 혹시 유대인으로 착각하고 있는 것은 아닌가. 솔직히 오늘 우리나라 남성 목

사들 중에 사도 자격을 갖춘 유대인은 단 한 명도 없지 않은가.

7. 상충되는 말씀: 고전 11:4-5과 고전 14:34-35

1) 여자도 예언(설교)하라(고전 11:4-5):
바울의 '남성 머리론' 중도 포기

고린도전서 11:2-16 본문이 공 예배에 있어서 남자와 여자의 역할에 차이가 있다거나 교회 안에서 남자는 여자보다 상위 계급에 속하고 있다는 점을 지적하는 것은 아니다. 본문은 남자나 여자가 예배에 참여하여 다 같이 기도와 예언을 할 수 있지만(14:23, 26, 29 참조), 그러나 남자든 여자든 당대 사회나 문화에 비추어 교회 밖 사람들로부터 비난 받지 않도록 남부끄럽지 않은 적절한 머리 모양을 하고 참석할 것을 교훈하고 있다.(김경희, 7-49; G. D. Fee, 2005 a:142-171) 즉 바울 당대 헬라-로마-유대 사회에서 여자들이 머리에 수건 같은 것을 쓰는 것은 존경받을 수 있는 정숙한 여자의 표시이기도 했기 때문에(최갑종, 2022:345-374) 여자는 당대의 관습에 따라 긴 머리를, 반면에 남자는 짧은 머리 모양으로 예배에 참석하여야 한다는 것이다. 본문의 "남자는 여자의 머리"(헬, 켑할레: 머리)라는 말이 남자는 여자의 지배자(ruler)를 뜻하는지, 남자가 여자의 근원(source)임을 뜻하는지 논란이 있다. 일반적으로 여성 안수 반대자들은 전자를, 여성 안수 지지자들은 후자를 지지하고 있지만, 본문이 여성의 남성에 대한 가부장적(家父長的) 종속관계를 말하고 있지 않다는 점만은 분명하다. "머리"라는 말이 본문에서 그리스도와 하나님과의 관계에서도 사용되고 있고, 남녀가 다같이 예배에 참여하는 것을 전제하고 있고, 주 안에서 남자나 여자는 서로 동등하다는 것과, 다 같이 하나님으로부터 근원하고 있음을 밝히고 있기 때문이다.(G. Beattle, 40-41) 따라서 본문에 나타나 있는 "여자의 머리는 남자"라는 말을 근거로 여자에 대한 남자의 우선권이나 지배권을 함부로 주장하는 것은 옳지 않다. 그렇다면 당장 "그리스도의 머리는 하나님"이란 구절도 동일하게 보아야 하고, 그렇게 될 경우, 그리스도가 하나님께 종속되는 결과가 되어 삼위 하나님에 관한 교리(삼위일체론)에 심각한 신학적 문제가 생길 수 있기 때문이다.(최갑종, 2011:345-374) 그러면 본문을 통해 바울이 구체적으로 강조하고 있는 것이 무엇인가? 그것은 교회 안에서 남녀가 아무런 차별 없이 똑같이 예배에 참여할 수 있는 자유가 있다고 해서, 여자 교우들이 당대 헬라-로마-유대 사회에서 정숙한 여자들이 갖추어야 하는 머리 모양까지도 포기하고,(M. Levine, 76-130) 남자와 같은 짧은 머리카락을 가져 여자의 신분을 떠나 남성화함으로써, 예배의 정숙성과 질서를 파괴하지 않아야 한다는 것이다.(김판임, 495-533)

고린도 사회에서 당시 이방 신전(神殿)에 헌신한 여자들(신전 창녀)은 남성화된 것으로 간주되어 남자들처럼 얼굴을 가리는 수건을 쓰지 않아도 되는 사회적 관습이 있었는데 고린도교회 교인들 중에도 이 사실을 알고 있는 이들이 아주 많았을 것이다. 그들은 '진리 안에 자유'라는 바울의 복음을 통해 성령을 선물로 받았을 때, 이제 자신들이 살고 있던 남성 위주의 가부장적 사회와 문화 구조를 뛰어넘어 모든 면에서 '남자와 똑같이 될 수 있다'고 생각했던 것 같다.(W. A. Meeks, 165-184) 즉 바울의 복음을 통해 특히 방언과 은사 체험을 한 자들이 자신들의 영적 체험을 당대 헬라 종교사상의 관점에서 이해함으로써 자신들은 이제 남자들과 동등하다고 생각하여 교회 안에서 문제를 일으켰던 것이다. 다시 말해서 당시 여인들의 최고 이상인 '남성'과 같은 영적인 존재에 도달하였다고 생각한 것 같다.(A. R. Hunt, 122) 그래서 그들은 공예배 시간에 여성들의 표시인 긴 머리나, 머리에 수건 쓰는 것을 거부하고, 남자들과 똑같이 짧은 머리를 하고 기도와 예언을 하려고 하였던 것이다. 이처럼 고린도교회 여성들이 바울의 복음과 성령 체험을 헬라의 플라톤적 이원론의 구조에 따라 잘못 이해하고 행동하려 할 때, 그래서 그들의 행동이 당시의 사회구조나 문화에서 부끄러움과 비난의 대상이 되는 위험에 처하게 되었을 때,(M. Levine, 92-103) 바울은 고린도전서 11:2-16을 통해 이를 시정하고자 한 것이다.(M. Y. Mac Donald, 146) 곧 고린도교회 여성도들이 하나님께서 창조 시에 주신 여자의 신분 그 자체를 외면하고 남자와 같이 되려고 하는 비 복음적인 동기와 그로 인한 교회 공동체의 수치와 선교적 장애 가능성 때문에 부득이 이런 임시 지침을 내릴 수밖에 없었던 것이다.(M. Y. MacDonald, 146)

아무튼 1세기 헬라문화권의 신전 제사와 기독교회 예배의 중요한 차이는 '평등', '하나됨'을 강조하는 것이었다.(박영호, 2021:210-212) 예수님의 가르침을 충실히 받든 사도 바울이 말하는 여성상, 그 핵심에도 예수님이 설파(說破)하신 '새 창조 질서'의 원칙이 녹아 있고, '남녀 동등성', '상호의존성'이 바탕에 깔려 있음을, 성경을 정말 정직한 눈으로 깊이 들여다본 이들이라면 함부로 부인할 수는 없을 것이다. 바울의 가정생활 지침에서도 남편과 아내가 '서로' 사랑하고 '서로' 복종하라고 가르치고 있지만 오히려 남편에게 더 큰 의무를 요구하고 있지 않은가(엡 5:25-30). (박영호, 2021:153) 아울러 고린도전서 11:2-12에서, 원래 골수 율법주의자(바리새파)였던 사도 바울(빌 3:5)이 과거 조선 시대의 남녀칠세부동석(男女七歲不同席)처럼 식사도 따로 할 정도로(박영호, 2021:156) 남녀가 한자리에 있는 것은 정말 꿈도 꿀 수 없었던 당시 유대 사회에서, (섞여 앉지는 않았겠지만) 남녀가 한 공간에서 예배하도록 하고, 여성들도 '토라(성경)'를 자유롭게 읽도록 허락했다는 사실이 정말 놀랍지 않은가.

바울은, 하나님과 예수 그리스도의 영인 성령의 인도를 받아 "여자들도 단정한 복장으로 성경을 해석하고 예언(설교)하라"고 지시하였다(고전 11:4-5). 헬라 사회의 공적인 자리에서는 여성들이 머리를 가리는 것이 관행이었고 복음의 표현은 늘 문화의 변동과 함께 그 위치를 설정해 왔기에(박영호, 2021:152-158) 교회 안에서 덕스러운 복장을 갖추도록 여자들에게 "머리에 수건을 쓰라"고 바울이 권면하는 과정에서 잠시 '남성 머리론'(고전 11:3-10)를 꺼냈다가, 남자도 여자의 몸에서 태어나는 점(12절)을 깨닫고는 '남성 머리론'(7-9절)을 그만 중단하면서 결국 남녀를 포함한 '모든 것'이 하나님으로부터 나왔다(12하)는 것을 결론적으로 분명히 고백하고 말았다는 사실을 주목해야 한다. 이 단락에서 바울이 내린 이 결론(12절)은, "너희는 유대인이나 헬라인이나 종이나 자유인이나 남자나 여자나 다 그리스도 예수 안에서 하나이니라"라는 갈라디아서 3:28 말씀과도 그 뜻이 정확히 일치한다(김세윤, 2016:83-86). 갈라디아서 3:28에서 바울이 말하고 있는 구원은 하나님과 인간의 새로운 수직적 관계에만 국한된 것이 아니라, 인간과 인간의 새로운 수평적 관계까지 내포하고 있다. 다시 말하면 복음은 영혼 구원 문제를 포함하여 인간의 신분과 삶의 모든 영역을 새롭게 하는 전(全)인적인 것이다. 사실상 갈라디아교회의 근본 문제는 유대인 신자들이 이방인 신자들에게 유대인의 삶의 정체성과 생활양식인 율법, 할례, 유대인의 절기, 음식법 등을 따를 것을 요구한 데 있었다. 바울은 이러한 요구가 인종적, 신분적, 성적 차별과 장벽을 철폐한 그리스도의 복음과 근본적으로 배치(背馳)되는 것임을 명확하게 주장하였다.(C. S. Keener, 72)

우선 고린도전서 14:33-34 말씀이 '교차대구법'으로 구성되어 있다는 것을 먼저 이해할 필요가 있다.(G. Beatle, 37-54) 이 교차대구법적인 분석의 'A'에 있는 '모든 성도'라는 말을 보면 'B'와 'C'에서 '여자'에게 말하지 말고 "잠잠하라"는 말이 오직 여자들한테만 '규범적으로' 말하지 못하게 한 것이 아님을 분명히 알 수 있다. 이 사실은 35절에서 "만일 무엇을 물으려거든 집에서 자기 남편에게 물으라"고 한 것으로 보아 34절에서 말하는 '여자'가 일반 여성 전체가 아니라 '유부녀'라는 특수한 무리를 겨냥하고 있는 대목에서도 분명히 확인된다. 1세기 헬라 문화권에서는 여성들이 공공장소에서 발언하는 것을 금하는 관행이 있었다. 예수 그리스도의 복음으로 '진리 안에서 자유'를 마음껏 누리려는 고린도교회 일부 유부녀들이 교회 예배시간에 아무나 나서서 질문함으로써 예배의 질서를 흐리고, 이로 인해 교회밖 세상 사람들이 고린도교회 교인들을 안 좋은 시선으로 봄으로써 선교에 장애가 될 것을 사도가 염려했기 때문이다. 사도가 이런 지시를 내린 것은 "하나님은 무질서의 하나님이 아니고 오직 화평의 하나님"이기 때문(33a절)이기도 하다. 1세기 당시만 아니라 오늘날에도 주일예배 시간에 목사의 설교 도중에 어느 여성도가 손 들고 일어나서 질문함으로써 공예배의 질서가 무너지면 그것을 제지하지 않을 남자 목사가 어디 있겠는가. 당연히 "예배시간이니 잠잠하라"고 말하지 않겠는가(행 16:16-18 참조).

> A. '모든 성도'가 교회에서 함과 같이(33c)
>> B. 여자(유부녀)는 교회에서 잠잠하라(34a)
>>> C. 그들에게 말하는 것을 '허락'함이 없나니(34b)
>> B′ 오직 복종할 것이요(34d)
> A′ '율법'에 이른 것같이(34c) (G. Beatle, 37-54)

고린도전서 14:34-35에서 여자들이 했던 질문의 내용이 무엇인지는 정확히 알 수 없지만 본문에서 "집"과 "자기 남편"이라는 말을 통해서 바울은 집에서 해야 할 행동과 교회에서 해야 할 행동 사이에, 자기 남편과 더불어 행동하여야 할 것과 다른 남자들과 더불어 행동해야 할 것 사이에는 엄연한 차이가 있어야 할 것을 강조했다는 사실을 암시하고 있다. 이런 경계와 질서를 무시하는 것은, 수치와 체면이 존중되는 당시의 사회 규범 면에서 볼 때 용납될 수 없는 것이었다.(최갑종, 2011:345-374) 선행 문단이 방언과 예언과 계시에 관하여 말하고 있는 점을 보아 아마도 교회 예배 중에 방언과 예언 혹은 계시, 혹은 가르침이 주어지고 있을 때 이들의 구체적인 내용을 알기 위해 몇몇 '유부녀들'이 소란을 피우면서 여러 질문을 던진 것 같다.(D. Williams, 70) 여성도들이 제기한 질문은 자기 남편들에게 물을 수 있다는 점을 암시하고 있는 것으로 보아 방언, 예언, 계시보다도 오히려 말씀에 대한 가르침일 가능성이 크다.(C. S. Keener, 80-81) 한국이 배출한 세계적인 신학자 김세윤 박사께서 정확히 지적(김세윤, 2016:76-89)하셨듯이, 바울이 문화적 충격을 완화하기 위해 '속도 조절'을 주문하려고 한 말, 당시 교회에서 여성들이 활발하게 지도력을 행사했음을 오히려 강력하게 시사하는 말씀이자(박영호, 2021:164) 문학구조 면에서 교차대구법으로 구성되어 있어서,(G. Beattle, 55) 이런 문학적 구조를 면밀히 살피지 않고는 함부로 해석할 수 없는 "여자는 교회에서 잠잠하라"(고전 14:34-35)는 한 구절(이 본문의 사본학적 논쟁에 대해서는 E. E. Ellis, 288 참조)만을 똑 따내서 남성만의 목사 안수가 '성경적'이므로 여성 안수는 안 된다고 주장하는 이들이, 바울이 '은사론'을 펼치고 있는 고린도전서 14장의 앞부분인 고린도전서 11:4-5절에서 조금 전 인용한 갈라디아서 3:28 말씀을 기반으로 교회 밖 사람들에게 욕먹지 않도록 "여자들도 교회에서 단정한 복장으로 예언(설교)하라"(고전 11:4-5)고 분명하게 지시했던 사실은 또 어떻게 설명할지 정말 궁금하다.(C. Osiek, M. Y. MacDonald, 226-228)

2) 상충되는 구절: '저작 목적'과 '큰 문맥'을 살펴야

고린도전서 11:4-5과 고린도전서 14:34-35처럼 서로 상충되는 구절이 있을 때 그것을 해결하는 가장 안전한 방법은, 그 책의 '저작 목적'을 이해하고 좀 '전후 문맥'을 포함한 '더 큰 문맥'에서 하나님 나라가 궁극적으로 지향하는 것이 무엇인지를 합리적으로 살피는 것이다. '문맥'의 중요성을 강조하기 위해 잠시 다른 이야기를 좀 하겠다.

내가 신학을 공부하기 전 대학교에서 제자들을 가르치던 시절, 인간문화재인 명창 홍정택 선생님한테서 '소리북'을 전수받고 잠시 판소리 고수(鼓手)로 활동한 적이 있다. 언젠가 전주예술회관 무대에서 고(故) 박동진 명창(장로)과 함께 판소리 흥보가 한 마당을 공연한 적이 있는데 당시 KBS TV에서 그 공연을 중계 방송했다.(공연 당시 사진은, 이광우, 2019:32-34에 수록) 그날 박 명창께서 불렀던 소리 중에 '진양조'로 부르는 대목이 있었다. 박을 타서 갑자기 부자가 된 동생 흥보 집을 배가 아파 찾아온 놀부가 제수인 흥보 아내에게 '권주가'를 한 곡 부르라고 하자 흥보 마누라가 술잔으로 방바닥을 치며 시숙인 놀부에게 야무지게 따지는 대목이었다. 그 대목의 사설은 이렇다.

[진양조] 흥보 마누라가 기가 막혀 들었던 술잔을 후닥딱 방바

덕에다 부딪치더만은 "여보시오 시숙님! 여보 여보 아주버니, 제수다려(제수더러) 권주가 허라는 법 고금천지 어디서 보았소? 전곡자세(돈과 곡식이 있다고 뻐기고 으스대는 일)를 고만허오! 나도 이제는 돈과 쌀이 많이 있소. 동지섣달 설한풍으 구박당허여 나오던 일과, 자식들을 굶겨놓고 찾어 간 동생 피가 솟도록 쳐 보낸 일을 곽(시신을 넣는 나무 관) 속에 들어도(들어간다 해도) 나는 못 잊겠소. 보기 싫소! 어서 가시오! 속을 채리면(차렸으면) 뭣허러 내 집에 찾어왔소? 어서 가시오! 보기 싫소! 안 갈라면 내가 먼저 들어갈라요. 떨떠리고 안으로 들어간다.(최동현, 595)

진양조는 민속악 장단(느린 장단부터 차츰 빨라지는 순서대로, 진양조 – 중모리 – 중중모리 – 잦은모리 – 휘모리와 그밖에 엇모리, 엇중모리가 있다) 가운데 가장 느린 장단이어서 무려 24박으로 한 순배가 형성된다. 이 24박은 다시 6박씩 네 단락으로 나누어지고 각 6박의 마지막 2박은 네 단락마다 서로 다를 뿐만 아니라 그 순서가 아주 일정하게 정해져 있다. 아주 느린 장단인 만큼 소리꾼이나 고수나 그 '내공'이 아주 뚜렷하게 드러나는 장단이 바로 이 진양조 대목이다. 박동진 명창께서 이 진양조로 짜인 이 '놀부의 권주가 요청' 대목을 부르는데, 상대가 당대 최고의 국보급 명창인 만큼 나도 진양조의 원박(원칙)대로 따복따복 북을 치고 있었다. 그런데 갑자기 박 명창이 중간에 소리를 멈추더니 북을 치는 내 앞으로 성큼 걸어와 서서 북을 잡은 나를 한참 동안 물끄러미 내려다보다가 이내 청중석을 향해 돌아서면서 손에 든 부채로 나를 가리키며 한마디 걸쭉하게 칭찬을 하셨다. 내용은 칭찬이지만 말 자체는 아주 듣기 거북한 욕설이었다. 박 명창의 말씀인즉 이러했다.

"으흐흥, 이런 '시러베 아들놈' 북 잘 치는 것 좀 보소. 거 뭐시
냐, 아 이 전라도 땅 아니면 요런 '시러베 아들놈'같이 북 잘 치
는 놈이 절대로 나올 수 없다는 말이시. 으흐흥"

그러자 청중석에 앉아 있던 사람들이 모두 다 배꼽을 잡고
한바탕 웃었다. 나도 박동진 명창을 쳐다보며 아주 즐겁게 웃었
다. 세상에, 이처럼 유쾌한 욕이 또 어디에 있겠는가. 어디 가서
이토록 고명(高名)한 소리꾼으로부터 이렇게 유쾌한 욕을 내가 또
즐겁게 얻어먹을 수 있겠는가. 그런데 박 명창께서 나를 가리켜
했던 '시러베 아들'이라는 이 말은 원래 '실없는 사람을 낮추어 부
르는 말'로서 더러는 '시러베 자식'이라 말하기도 한다.(신기철·신용
철, 2058) 만약 현장 상황의 전후 맥락을 이해하지 못한 사람이 박
동진 명창의 "이런 시러베 아들놈"이라는 말만 똑 따내서 전하게
되면, 박 명창은 국보급 명창답지 못하게 젊은 고수에게 아주 상
스런 욕을 한 것이고, 나는 그야말로 진짜로 두고두고 '실없이 형
편없는 놈'으로 남고 말 것이다. 같은 말이라도 '전후 맥락(상황)'
이 어떠하냐에 따라 그 의미가 이렇게 천지 차이가 날 수 있는
것이다.

예를 하나 더 들겠다. 브룩 쉴즈, 램버트 윌슨 주연의 영화
"사하라"(1984년 작, 앤드류 V. 맥라글렌 감독)를 본 적 있다. 사하라 사
막의 이국적인 풍경 외에는 영화 줄거리가 별로 기억나지 않는

것으로 보아 그다지 인상적인 영화는 아니었던 것 같다. 영화 속 여주인공인 브룩 쉴즈가 사하라에 있는 어느 오아시스 앞에서 함께 간 잘생긴 남자 주인공에게 이런 말을 한다.

"나, 이 오아시스에 들어가 목욕하고 싶어요."

전후 맥락이 없으면 이 말은 그저 '사막에서 더위를 타는 한 여인이 오아시스에 들어가 목욕 좀 하고 싶은가 보다', 이렇게 생각할 수 있을 것이다. 그러나 이 말의 전후 맥락을 살펴보면 이 여인이 "목욕하고 싶다"는 말이 정확히 무슨 뜻인지 아주 분명해진다. 브룩 쉴즈가 이 말을 하기 조금 전에, 함께 갔던 남자가 브룩 쉴즈에게 "우리 부족은, 결혼하고 싶은 사람이 생기면 함께 이 오아시스에 와서 여자가 목욕을 한다"는 얘기를 했기 때문이다. 이 둘 사이에 오간 대화로 미루어 보면 브룩 쉴즈가 "이 오아시스에 들어가 목욕하고 싶다"고 한 말이 단순히 "더위를 식히기 위해 목욕하고 싶다"는 말이 아니라 "나는 당신과 결혼하고 싶다"는 뜻이었음이 분명해진다. 대화에서도 그렇고, 글에서도 그렇고, 성경 이야기에서도 '전후 문맥'이라는 것이 그만큼 중요하다는 것을 강조하다가 그만 이야기가 살짝 옆길로 빠졌다. 긴장이 좀 풀리셨으리라 믿고 다시 본론으로 돌아가겠다.

요즘 웬만한 교인들은 사도 바울이 쓴 고린도전서가 고린도 교회 내부의 여러 가지 문제들을 바로잡기 위해 쓴 편지라는 것을 다 안다. 따라서 당시 고린도 교인들은 바울이 '은사론'을 다루고 있는 고린도전서 14:34-35에서 "여자들은 교회에서 잠잠하라"고 하는 말이, 고린도교회 안에서 여성들의 사역을 '규범적으로' 금하는 것이 아니라(T. Paige, 217-242) 예배 질서를 어지럽히고 있는 일부 '유부녀들'에게 하나님이 주신 은사를 '질서 있게' 발휘하여 교회 안에서 덕을 세우라는 충고임을 잘 알았을 것이다. 바울의 그 말이 고린도교회 안에 있는 누구에게 하는 말인지, 어떤 상황을 문제 삼고 있는지를 고린도 교인들은 또한 정확히 알았을 것이다. 고린도교인들이 자기 말을 잘 알아들을 것이라고 믿었기에 바울도 편지에서 더는 구체적인 진술을 하지 않았던 것이다. 따라서 고린도전서 14:34-35에 있는 "여자들은 교회에서 잠잠하라"는 사도 바울의 말을, 고린도전서 11:4-5에서 "여자들도 단정한 복장으로 예언(설교)하라"고 했던 말(원칙)을 뒤집는 '모순된' 진술로는 고린도교회 교인들이 전혀 받아들이지 않았으리라는 것을 분명히 이해하고 이 본문을 해석해야만 한다. 바울이 고린도전서 14:34-35 이 구절에서 여자들은 교회에서 말하지 말고 "잠잠하라"고 말하고 있는 이유는, 여성도들, 특히 가정을 가지고 있는 여자들(유부녀)이 교회 안에서 일으킨 분쟁과 예배 시의 무질서를 경계하고 예방하기 위한 것이다.(최갑종, 2011:345-374) 이 고린도교회 여성도들이 사도 바울로부터 그리스도와 성령 안에서 자신들의 사회와 가정에서 누릴 수 없는 자유, 곧 남녀가 동등하게 예배에 참여할 수 있고, 방언, 예언 등 성령의 은사에 참여할 수 있고, 부부 생활에서도 남편과 아내의 동등한 권리와 의무가 주어졌다는 가르침을 받았을 때(고전 7:2-6), 그들 중 일부는 자신들에게 주어진 자유와 남녀의 동등권을 남용하여, 하나님께서 창조 때부터 세우신 남녀의 구별은 물론, 결혼과 부부 생활까지 거부하고, 심지어 가정과 교회를 혼동하여 교회 안에서까지 남자와 똑같이 행동하려는 극단적인 상황을 불러일으킨 것 같다.(M. M. Mitchel, 279-280) 즉 그들에 의해 가정과 교회에서, 특별히 가정교회의 공(公)예배 때에 당시 사회에서 금기로 여겨지고 있는 통념을 깨고, 자신들의 남편을 제쳐두고 다른 남자들에게 질문을 제기함으로써 큰 혼란이 일어나게 되었던 것 같다.(M. M. Mitchel, 69) 바로 이와 같은 특수한 상황에서 바울은 고린도교회 유부녀들에게 여자들은 자기 남편들이 함께 있는 교회의 모임 때에는 다른 남자들에게 말하지 말고, 잠잠하고, 오히려 궁금한 점이 있으면 집에 가서 남편에게 물으라는 특수한 교훈을 주지 않을 수 없었던 것이다.(L. A. Jervis, 51-74) 따라서 우리는 고린도전서 11:34-35의 본문을, 바울이 모든 시대와 문화를 초월하여 모든 여자들은 교회당에 왔다가 집으로 돌아갈 때까지 어떠한 상황에서도 일체 말하지 말고 잠잠하라는 의미의 규범적인 명령을 하고 있는 것으로 보지 말아야 한다.(C. Osiek & M. Y. MacDonald, 226-228) 이 점은, 바울이 본문 앞부분에서 자신의 명령을 받는 자들을 가리켜 '정관사'를 붙여 '그 여자들'이라고 부르고 있다는 사실에서도 확인된다. 만일 일반 여성들이라면 정관사를 붙이지 않았을 것이므로 여기 붙어 있는 정관사를 통해 일반여성들보다도 어떤 특수한 무리의 여성들(유부녀들)에게 말하고 있음을 분명히 알 수 있다.(T. Paige, 217-242) 따라서 이 본문은 오히려 '머리 모양 문제'나 '입맞춤으로 인사하는 문제'처럼 특수한 문화적, 사회적 상황과 관련하여 교회 예배 때에 문제를 일으키고 있는 고린도교회 몇몇 '기혼 여성도들'에게 주는 특수한 명령으로 보아야 할 것이다.(E. E. Ellis, 67–71) 다시 말해서 바울이 고린도전서 14:34–35에서 교회에서 여성도들, 특별히 결혼한 여성도들은 공예배 시에 잠잠하여야 한다고 말하고 있는 것은 이들이 여자로서 할 수 없는 방언과 예언을 했기 때문이 아니라, 오히려 자신들의 행위를 통해서 공예배의 질서는 물론, 남편과 아내의 역할이 구분되어 있는 가정의 질서를 어지럽혔기 때문일 것이다. 따라서 우리는 바울이 왜 고린도교회 유부녀들을 향해 "교회에서 잠잠하라"고 말하고 있는가를 정확히 알아야 한다.(G. Beattles, 57) 그러므로 바울이 고린도전서 14:34–35에서 마치 시대와 장소와 여건을 초월하여 여자들은 교회에서 무조건 말하지 말고 잠잠하라고 교훈하고 있는 것으로 생각하면 안 된다. 왜냐하면 여자들이 자기 남편에게 복종하여야 하는 당대의 사회·문화적 규범에서 볼 때, 교회 여성도들이 교회 안에서 자신의 남편을 제쳐두고 다른 남자들에게 질문하는 것은, 일종의 성적 유혹으로 여겨질 만큼 자신은 물론 자기 남편에게도 대단히 수치스럽고 부끄러운 일이었기 때문이다.(D. Cohen, 40–147) 그래서 바울은 율법에 호소하여 남편과 아내 사이에, 남자와 여자 사이에 유지되어야 하는 올바른 질서를 회복할 것을 촉구하고 있는 것이다. 왜냐하면 그렇게 되지 않을 경우 교회가 부도덕한 집단으로 비추어져 선교에 막대한 지장을 초래할 수도 있기 때문이다.(T. Paige, 223–224) 과거 우리나라에 복음이 처음 들어왔을 때 '교회당'이 걸핏하면 '연애당'으로 손가락질 받았던 것을 생각해 보면 바울이 염려하는 본문의 정황을 보다 쉽게 이해할 수 있을 것이다. 여기서 바울은 한편으로 복음 안에서 주어지는 남녀 동등성과 진리 안에서의 자유는 인정하지만, 그러나 또 다른 한편으로 그 자유가 신자들이 살고 있는 당대 사회적, 문화적, 종교적 환경에서 부도덕한 일로 간주될 때는, 그래서 가정과 교회 안에서 그것이 문제가 되어 선교에 지장이 있을 것 같은 때에는 그 자유의 사용을 부분적으로 제한하려 하고 있음을 알 수 있다.(E. E. Ellis, 67-71) 우리에게 주어진 '복음'은 여성에게 불이익을 가져다주는 어떠한 차별도 배제하며, 그리스도와 성령 안에서 가져다주는 복음의 축복과 은사들을 남녀가 똑같이 누릴 수 있다는 것을 명확히 드러내고 있기 때문이다.(장상, 89-92) 이처럼 이 본문이 여성들의 사역을 반대하는 규범적인 지시가 아니라 고린도교회의 '특수한 상황'이나 '문화'와 관련이 있다는 사실을 확인하기 위해 다음과 같은 주장을 좀 더 눈여겨볼 필요가 있다.

> 여성 안수 반대자들도 성경 본문을 명시적으로 받아들이지 않고 그들 '나름대로' 성경 본문을 '해석'하려고 하는 점은 그들이 고린도전서 11:2-16이나 16:20을 접근할 때 쉽게 드러난다. 바울은 고린도전서 11:2-16에서 여성들이 교회에 나올 때 "머리에 수건을 쓸 것"을 말하고 있지만, 여성 안수를 반대하는 목회자 중 그 누구도 공 예배 시에 여성들이 머리에 수건을 쓰고 참석하라고 명하지 않으며, 16:20에서 바울은 고린도 교인들을 향해 "입맞춤으로 서로 문안 인사를 하라"고 명하고 있지만, 오늘날 그 누구도 자기 교인들을 향해 주일 예배에 올 때마다 서로 입 맞추라고 명하지 않는다. 그 이유는 그들도 이들 교훈이

당시 고린도교회의 특수한 상황이나 문화와 관련되어 있기 때문에, 문화와 상황이 다른 오늘 우리 교회 안에서는 그 말씀을 그대로 적용하기 힘들다고 '해석'하기 때문이다. 그러나 이들은 같은 고린도전서 14:34-35 본문의 경우 이 본문이 당시 고린도교회의 특수한 상황이나 문화와 밀접하게 연결되어 있다는 사실만은 끝끝내 인정하지 않으려는 '이중성'을 드러낸다.(최갑종, 2011:345-374)

3) "여자는 교회에서 잠잠하라":
여성 안수 반대 근거 못된다.

그러므로 고린도전서 14:34-45 말씀은 여성 안수를 반대하는 근거 구절이 될 수 없다. 구약 요엘서 2:28-29, "내 영을 만민에게 부어주리니 (중략) 내 영을 '남종'과 '여종'에게 부어 줄 것"이라는 약속이 오순절에 성취(행 2장)되어 남녀 구분 없이 성령 세례를 받은 이들이 목숨 걸고 땅끝까지 복음의 증인으로 달려나가 헌신함으로써, 극동아시아 한반도 남쪽에 사는 이방인인 오늘 우리한테까지 이 소중한 구원과 생명의 복음이 전해졌다. 이런 속담이 있다.

"잠든 사람은 깨울 수 있어도 잠든 척하는 사람은 절대 깨울 수 없다."

앞서 지적했듯이 요즘 웬만한 교인들도 고린도전서가 고린도교회라는 특정 지(支)교회가 안고 있는 문제를 교정하기 위해 사도 바울이 쓴 편지라는 것은 다 안다. 그런 편지에서, "여자는 교회에서 잠잠하라"는 딱 한 구절,(고린도교회 내부에서 골칫거리가 된 일부 유부녀들의 무질서한 은사 남용 문제를 바로잡기 위한 사도의 부득이한 임시 조치, 그것도 고린도전서 11:4-5의 가르침과는 완전히 상반되는 내용) 교차대구법으로 되어 있어서(G. Beattle, 55) 이 구절의 '문맥 파악'이 본문 해석에 결정적인 열쇠가 되는 고린도전서 14:34 말씀을 문맥과 전혀 상관없이 그것을 오직 문자적으로만 읽어, 그것을 '만고 불변의 진리'로 받으며 '여성 목사 안수 불가'를 외치면서, 정말 소중한 동역자인 여자 성도들을 차별하며 여종들에게 하나님께서 주신 은사를 발휘하지 못하도록 사역을 한사코 방해하는 이들은 고린도전서의 그처럼 뻔한 저작 목적을 정녕 모르는 것인가, 아니면 마냥 잠든 척하는 사람처럼 알면서도 그냥 끝끝내 그것을 모르는 척하는 것인가.

8. 디모데전서 2장 11-15절: 핵심 낱말의 번역 오류

아주 뜨거운 쟁점(爭點)의 원인이 되는 까다로운(사실은 그다지 까다롭지도 않지만) 본문인 만큼 우선 디모데전서 2:11-15 본문을 한 번 천천히 읽고 시작하자.

(딤전 2:11-15) **¹¹여자는 일체 순종함**으로 조용히 배우라 **¹²**여자가 가르치는 것과 **남자를 주관하는 것**(헬, 아우뗀테인)을 허락하지 아니하노니 오직 **조용할지니라** **¹³**이는 아담이 먼저 지음을 받고 하와가 그 후며 **¹⁴**아담이 속은 것이 아니고 **여자가 속아**

죄에 빠졌음이라 [15]그러나 **여자들**이 만일 정숙함으로써 믿음과 사랑과 거룩함에 거하면 그의 **해산함으로 구원을 얻으리라**(쟁점이 되는 부분 강조_글쓴이)

1) 여성 안수 반대론자들에게 듬뿍 사랑받는 딤전 2:11-15 말씀

전통적인 여성 차별론자들은 디모데전서 2:11-15 말씀을 근거로 여성 안수를 '당당하게' 반대한다. 특히 12절의 "여자가 가르치는 것과 남자를 주관하는(권위를 행사하는) 것을 허락하지 아니하노니 오직 조용할지니라"라는 말씀이 여성 안수 반대론자들의 마음에 쏙 드는 아주 사랑스런(?) 말씀으로 보이기 때문일 것이다.(J. L Duncan & Susan Hunt, 69-82) 이어지는 13-14절에서 바울이 인용하는 창세기 기록을 읽으면서 그들의 그런 확신(?)을 더더욱 굳히는 것처럼 느껴진다.(J. J. Davis, 15-17 참조) 우선 이 본문에서 바울이 염두에 두고 있는 대상은 여성 일반 전체가 아닌 오히려 교회 안에서 문제를 일으키고 있는, '남편이 있는 특수한 기혼 여성'이라는 사실을 확실히 짚어둘 필요가 있다.(N. J. Homms, 5-22) 왜냐하면 바울이 11절부터 계속해서 여성과 관련하여 사용하는 헬라어 단수 명사 "귀네"가 직전 문맥인 9절에 나타나는 여성 일반을 지칭하는 복수가 아닌 단수이며, 이 단수형이 일반적으로 남편이 있는 기혼 여성을 가리키고 있기 때문이다(딛 1:6; 딤전 3:2, 12; 5:19). 더구나 본문에서 여자('귀네')와 나란히 나오는 남자('아네르')가 종종 아내와 그 남편을 지칭하고 있고(막 10:2, 12), 본문에서 서로 부부관계에 있었던 아담과 이브를 등장

시키고 있을 뿐만 아니라, 기혼여성에게 직접 관련된 자녀 해산(解産) 문제를 언급하고 있기 때문이기도 하다.(J. D. Quinn and W. C. Wacker, 221) 그래서 주석가 큐인과 와커는 이 본문을 아예 노골적으로 다음과 같이 번역한다.

"Moreover, I do not allow a wife to teach in the public worship and to boss her husband"
(뿐만 아니라 나는 유부녀가 공예배 자리에서 자기 남편을 가르치는 것과 남편을 쥐고 흔드는 것을 허락하지 않습니다)

다시 말해서 이 본문은 '전체 여성'을 겨냥한 것이 아니라 에베소 교회 내의 '일부 유부녀'를 겨냥한 것임을 분명히 알고 이 본문을 읽어야 한다. 당시 에베소 지역의 여성들에게 지대한 영향을 미치고 있던 원시 영지주의와 아데미 여신 신전(神殿) 제사가 남성에 대한 여성의 우위를 강조하고 있었던 점을 감안할 때, 에베소교회의 기혼 여성들이 은연 중에 이런 영향을 받았을 가능성이 매우 높다.(S. Gritz, 31-41) 이로 미루어 에베소교회의 기혼 여성들 가운데 거짓된 교훈에 빠져 교회 안에서까지 자기 남편을 잘못 가르치려고 하거나 자기 남편을 쥐고 흔들려는 자들이 있었음을 짐작할 수 있다.(C. Kroger, 225-244) 디모데전서에 거짓된 교훈에 대한 경계가 많이 나타나고 있고(딤전 1:3-7, 19-20; 4:1-3; 6:3-5, 20), 그리고 여자에 대한 교훈이 많이 나타나고 있다는 점은 이 점을 뒷받침하고 있다.(L. L. Belleville, 206-207) 바울이 이러한 교훈의 근거로서 서로 부부관계에 있었던 아담과 이브를 실례로 들고 해산(解産) 문제를 언급하고 있는 사실로부터, 이 본문에서 바울이 말하고 있는 직접적인 대상이 일반 여성 전체를 가리키기보다, 오히려 마치 이브가 뱀의 유혹을 받아 그릇되게 남편인 아담을 인도한 것처럼, 결혼한 여성(유부녀)이 잘못된 교훈을 가지고 자기 남편이나 다른 남자를 가르치려고 하거나 쥐고 흔들려고 하는 것을 금하고 있는 것으로 볼 수 있다.(J. M. Holms, 300-304) 여기서 바울이 여자들은 남자들에게 일체 순종하고 남자를 가르치거나 주관하는 것을 규범적으로 금하는 것으로 본다면, 이것은 고린도교회에서 브리스길라가 아볼로를 가르친 경우에서처럼, 바울의 사역에 있어서 남자를 가르치고 지도한 적지 않은 여성 사역자가 있었다는 사실과 정면으로 대립될 수밖에 없다. 아마도 에베소교회 여성도 중에 고린도교회의 여성도들처럼 '복음이 가져다 준 자유'를 남용하여 하나님께서 창조 시에 세운 부부관계의 질서까지 교회 안에서 무용지물로 만들려는 자들이 있었던 것 같다.(P. B. Payne, 169-197; I. H. Marshall, 459) 바울은 이 본문에서 젊은 디모데 목사에게 이처럼 덕스럽지 못한 흐름을 지혜롭게 잘 다스리며 목회하라는 권면을 하고 있는 것이다. 다시 말하지만, 이 본문은 여성 일반에게 보편적으로 적용될 말씀이 아니라 에베소교회 안에서 문제를 일으키고 있었던 일부 '유부녀'(기혼여성)들에게 주고 있는 특수 지침임을 분명히 기억하고 이 본문을 들여다봐야 한다.

2) "주관하다(권위를 행사하다)"(2:12):
어휘 의미 변천사적 '번역 오류'

12절의 '주관한다(권위를 행사한다, have authority over)'라는 중립적인 의미로(G. Knight III, 145) 잘못 번역된 헬라어 '아우뗀테인 (*authentein* 〈아우뗀테오〉'은 신약성경과 70인역 구약에서 단 한 번밖에 나오지 않는 아주 독특한 용어다.(J. J. Davis, 15) 따라서 이 본문을 정확하게 이해하기 위해서는 이 낱말의 '의미 변천사'에 대한 연구가 반드시 선행(先行)되어야 한다. 성경에는 이 낱말의 다른 용례가 전혀 없기 때문에,(L. L. Belleville, 214-217) 를랜드 윌셔는 1988년에 이 낱말과 어원이 같은 아우뗀테스(*authentes*)의 '329개 사례'를 일일이 찾아 세밀히 검토한 결과, 1세기 이전부터 아우뗀테인이 "지배자(독재자)", 혹은 심지어는 "살인" 혹은 "범죄를 저지르다"와 같은 매우 부정적인 어감을 지니고 있었던 점을 밝혀냈다.(L. Wilshire, 120-134) 이 연구 결과는, 어떤 점에서 난해 구절인 디모데전서 2:11-15(특히 12절) 본문을 해석하는 데 결정적인 열쇠를 제공하는 정말 눈부신 학술적 성과다. 이어지는 바울 시대, 아니 심지어는 16-7세기까지의 대다수 성경번역본인

주후 2-4 세기의 『구-라틴어판 성경』

주후 4-5 세기의 『벌게이트 역본 성경』

1560년 판 『제네바 성경』

1589년 판 『비숍스 성경』

1611년 판 『킹제임스(KJV) 성경』

에서도 이 낱말을, "권위를 행사하다"라는 중립적인 의미가 아
닌, 아주 부정적인 의미의 (독재자처럼) 지배하다/찬탈하다"라는
뜻으로 거의 일관되게 번역해왔다는 사실도 이미 확인되었다.(L.
L. Belleville, 209-210)

3) "아우뗀테인": 17세기 이후 갑자기 "권위를 행사하다"라는 중립적인 의미로 번역어가 교묘하게 바뀜

아울러 "권위를 행사하다"라는 중립적인 의미로의 변화(영
문판 NIV와 NASB 번역성경에서도 이 말을 중립적인 의미의 'have/exercise
authority over'로 번역. ASV에서는 'have dominion over'로 NIV나 NASB보다는
조금 더 부정적인 느낌으로 번역)는 바울 시대 훨씬 뒤인 후기교부시대
에 기독교가 공인되면서부터 그런 번역의 조짐이 조금씩 나타나
기 시작한 것으로 밝혀졌다. 이것은, 가부장적인 조선 시대에 여
성들이 외출할 때 쓰던 '쓰개치마'처럼, 비잔틴 시대에 여성들이
외출할 때, '베일'로 얼굴을 가리거나 남녀가 따로 나뉘어 생활했
던 당시 사회문화적 남녀 차별의 관행이 짙게 반영된 탓으로 보
인다.

언어(어휘)는 생명을 지닌 유기체와 비슷하다. 언어(낱말)는 마
치 사람처럼 생겨나기도 하고 어느 순간 사라지기도 하며 혹은
의미가 계속 추가되고 변화하면서 꽤 오래 살아남기도 한다. 우
리말에서 예를 들어보자. '적당히'라는 말은 원래 '정도에 딱 맞
다'라는 아주 긍정적이고 좋은 뜻이었으나, 요즘 어떤 경우에는
'눈치껏 대충대충'이라는 상당히 부정적인 의미로 사용될 때가

많다. 가령 오늘 누군가가 글을 쓰면서 "대충 해두라." 혹은 "제발 그만 좀 하라"는 뜻으로 "적당히 하라"는 말을 했다면, 몇백 년의 세월이 흐른 뒤 그 말을 작가의 의도와는 전혀 다르게 "정도에 딱 맞게 하라"는 '적당히'의 본래 의미로 돌려 엉뚱하게 해석해 버리는 이가 틀림없이 나올 것이다. 물론 이 예는 지금 우리가 논의하는 것과는 정반대의 경우이다.

현대 히브리어·헬라어와 전혀 다르게, 고어(古語) 수준을 넘어서서 이미 사어(死語)가 되었다고 여겨지는 성경 원어 속 어휘도 마찬가지다. 그러기에 성경에 있는 낱말의 이런 의미 변화 과정을 추적하는 작업이 성경해석에서 결정적으로 중요할 때가 있는데 디모데전서 2:12의 '아우뗀테인'이라는 낱말이 바로 그 대표적인 사례다. 왜냐하면 이 낱말을 바울 당시와는 전혀 다른 뜻을 지닌 18세기 이후에 형성된 "권위를 행사하다: 주관하다"라는 중립적인 개념으로 "여자들이 권위를 행사하는 것을 허락하지 않는다"라고 번역하면, 반대로 "남자들이 권위를 행사하는 것은 허락한다"는 뜻으로 해석될 가능성이 아주 넓게 열려 버리기 때문이다.

4) "아우뗀테인": 원래 의미로 되돌려 번역하기

반면에, 적어도 바울이 이 낱말을 썼을 당시(앞서 소개했던 17세기까지의 각종 번역성경)의 매우 부정적인 의미를 번역에 반영하게 되면 이야기가 180도 달라져 버린다. 당시의 부정적인 의미를 살려 좀 과격하게 본문을 번역하면 이렇게 될 것이다.

여자들이 독재자처럼 지배하는(찬탈하는) 자세로
남자들을 가르치는 것을 허용하지 않는다.

그렇다면, 아까처럼 이 부정적인 의미가 포함된 문장을 남자 입장에서 뒤집어 해석하면 "남자들은 독재자처럼 지배하는(찬탈하는) 자세로 가르쳐도 된다"는 매우 고약하고 껄끄러운 뜻이 되어버린다. 아무리 '남성우월론'에 사로잡힌 사람이라도 이렇게 독단적이고 옹색한 주장을 속 편하게 받아들일 신자가 과연 얼마나 되겠는가? 바로 이런 이유로 17세기 이후 "독재자처럼 지배하다(찬탈하다)"라는 이 낱말의 부정적인 뜻을 희석(稀釋)해서 "권위를 행사하다"라는 중립적인 의미로 슬그머니 바꿔치기해 버린 것이다. 누가 그처럼 못된 짓을 감쪽같이 시작했는지는 모르나 아무튼 그렇게 하면 "남자들이 권위를 행사해야 한다"는 해석을 아주 자연스럽게 할 수 있고, 그 해석을 바탕으로 '남성만의 목사 안수론'을 부담 없이 계속 유지할 수 있기 때문이다. 어쨌든 현대의 영어 번역성경이나 우리말 번역성경이나 한결같이 이런 식으로 이 낱말의 잘못된 번역을 반영한 탓에 본문 해석 과정에서 요즘처럼 심각한 오해가 생기고 이 구절이 난해하게 되어버린 것이다. 결론적으로, 12절의 "권위를 행사하다"라는 말은 어휘 의미 변천사적 관점에서 볼 때 번역이 아주 잘못되었다. 바울이 이 편지를 쓸 당시의 이 말이 아주 부정적인 의미인 "독재자의 지배·찬탈" 심지어 "살인" 혹은 "범죄"라는 뜻까지 지닌 아주 부정적인 뜻이었음을 분명히 확인했다면, 디모데전서 2:12의 번역을 바울이 의도했던 대로 바울 당시의 부정적인 의미로 '되돌려서' 전반적인 번역을 다음과 같이 다시 해야(L. L. Belleville, 219) 바울이 말하고자 하는 핵심을 정확하게 파악할 수 있다.

> "나는 여자가 남자를 지배·찬탈할 목적으로 가르치는 것을 허용하지 않는다."
> "나는 여자가 지배적인 방식으로 남자를 가르치는 것을 허용하지 않는다."

이 번역은 앞서 다루었던 창세기 3:16 하반절("너는 남편을 [다스리기를] 원하고 남편은 너를 다스리기를 [원하리라]"-글쓴이의 수정 번역)의 진술과도 그 맥이 자연스럽게 이어진다. 그렇다면 이 본문은 에베소교회 여성들의 잘못된 사역 태도(자세)를 꾸짖는 것이지, 바울이 여성들의 사역(안수) 자체를 '규범적'으로 부정하는 본문이 아니라는 것은 아주 분명해진다.

5) 교회 지도력(leadership) 표현에 바울이 즐겨 쓴 낱말: 프로이스테미

덧붙여서, 바울이 교인들을 가르치는 교회 지도자들의 사역을 나타낼 때는 '프로이스테미'(proistemi: 다스리다)라는 낱말을 주로 사용했음을 알아야 한다. 교회 리더십과 관련해 바울은 신약에서 이 낱말을 6회 사용했다(딤전 3:4-5, 12, 5:17; 살전 5:12).(J. J. Davis, 15) 그런데도 바울이 디모데전서 2:12에서 '아우뗀테인'이라는 (오늘 우리들의 입장에서 볼 때) 아주 애매모호한 말을, 그것도 '현재시제'로 딱 한 번만 쓴 것은 바울이 창세기 창조기사를 인용하고 적용하는 방식이 지역교회의 문제에 따라 조금씩(때로는 정반대로) 달랐기 때문이다. 더더군다나 '현재시제'를 썼다는 것은 지금이 지시가 에베소교회의 내부 상황에 따른 '임시조치'임을 강조하고자 하는 사도의 의도가 짙게 깔려 있음을 시사하는 것이다.

9. 1세기 사회의 여성과 원시 영지주의

1) 1세기 여성들의 낮은 교육수준

내가 어릴 적만 해도 주변에 한글도 읽지 못하는 사람들이 아주 많았다. 통계에 따르면 해방 당시 한국의 문맹률은 77.8 퍼센트였다.(박영호, 2021:187) 특히 여성들의 문맹률이 높았는데 이는 여자를 하대(下待)하던 조선시대 가부장제의 심각한 폐해(弊害) 때문이었다. 마찬가지로 문해율(文解率)이 10퍼센트 이내(그나마도 글을 읽을 줄 아는 대부분이 남자들)였던 1세기 헬라 사회에서 여자들은 우리나라 조선 시대 여성들처럼 아예 사람 취급을 받지 못했다. 당연히 남자들에 비해 교육도 거의 받지 못했다. 디모데전서에서 바울은 디모데 목사에게 편지를 보내면서 1장에서 '거짓 교사' 문제를 언급했고 4장은 거의 통째로 '거짓 교사' 문제를 전제로 디모데 목사에게 목회지침을 주는 데 할애했다. 앞서 지적했듯이 디모데전서 곳곳에서 교육 수준이 낮았던 에베소교회 여성들이 거짓 교사들의 거짓 가르침에 쉽게 넘어가 버린 상황이 자주 언급되고 있다. 예수 그리스도의 복음을 믿음으로 구원 받고, 진리 안에서 '자유'를 누린다는 일부 여신도들이 그 낮은 교육 수준 때문에 팔랑귀가 되어 에베소교회에 은밀히 침투한 거짓 교사들에게 쉽게 속아 주제넘게 나대는 상황이 심각한 교회 내부 문제로 떠오르고 있었다. 신약학자들(Kroeger나 Jagt)은 그 '거짓 가르침'의 핵심을 1세기 원시 영지주의로 보고 있다.

2) 에베소교회를 흔든 거짓가르침: 원시 영지주의

논쟁이 아주 심한 본문인 만큼 영지주의에 대해 좀 자세한 설명을 해야 할 것 같다. 바울이 디모데를 에베소에 머물게 한 것은 거짓 교사들의 잘못된 가르침 때문이었다(1:3). 바울은 이 서신을 통해 이러한 거짓 교사를 포함한 교회의 여러 문제에 대해, 디모데가 어떻게 자기의 직무를 수행해야 하는지를 가르치고 있다.(이은순, 58-62) 교회를 위협하는 거짓 선생들은 '신화'와 '족보'를 강조하며(1:4), 율법을 전하며(1:7), 미혹케 하는 영과 귀신의 가르침을 전하고(4:1), 혼인을 금하고 식물을 폐하라 하며(4:3), 변론과 언쟁을 좋아하고(6:4), 자기들이 지식(그노시스)을 소유하고 있다고 주장했다(6:20). 이러한 거짓 교사들의 영향을 받아 교육수준이 낮던 에베소교회의 어떤 여자들은 이집 저집 돌아다니며 거짓 교사들의 가르침을 전할 뿐만 아니라(5:13) 영지주의의 그릇된 가르침에 따라 결혼도 하지 않으려 했다(5:14).

여기서 거짓 교사들이 정확히 누구인지 알 수 없지만, 학자들은 이들이 '원시 영지주의'(proto-gnostic) 이단이라고 주장한다.(이은순, 58-62) 그들은 족보와 허튼 이야기를 좋아하며 특히 그 가운데서도 그들이 즐기는 이야기는, '아담과 하와의 족보' 이야기로, 그들은 창조 순서를 뒤바꿔 아담이 아닌 이브가 먼저 창조

되었는데, 구약의 하나님이 아담을 속여, 아담이 먼저 태어났고 구약의 하나님을 유일하신 하나님으로 믿게 했다고 주장했다. 그렇다면, 바울은 여기서 여자들이 가르치는 것을 영구히 금지하는 것이 아니라, 여자들이 잘못된 가르침에 영향을 받아 여자들이 남자의 근원이라고 가르치며 전하는 것들을 "내가 '지금' 허락하지 않는다"고 말한 것이다. 원시 영지주의를 믿는 이교도들은 일반적으로 지적으로나 영적으로 여자들이 남자들보다 우월하다고 생각하였다. 어떤 이단들은 하와가 먼저 태어나 아담에게 생명과 지식을 주었다고 가르치기도 했다.(이은순, 58–62) 원시 영지주의도 그랬다.

3) 바울의 반박

따라서 바울은 "하와가 도덕적으로나 영적으로 아담보다 우월한 존재"라는 영지주의 거짓 교사들의 주장을 반박하기 위해, 13–14절에서 창세기 말씀을 인용하여, 하와가 먼저 태어나지도, 우월한 지식을 소유하지도 않았고, 오히려 그녀 자신이 먼저 꾀임을 받아 죄에 빠졌다는 것을 설명하고 있는 것이다.(이은순, 58–62) 다시 말하면 바울은 지금 창세기 타락 기사에서 하와가 먼저 뱀에게 속은 것과 에베소교회 여자들이 거짓 교사들에게 속는 것의 '유사성'에 주목하면서 그들이 잘못 알고 있었던 창조 순서와 타락에 대해 13–14절에서 창세기 말씀으로 그들의 잘못된 생각을 교정하려 하고 있다. 그러므로 13–14절에서 "여자가 두 번째로 지어졌고, 여자가 먼저 죄에 빠졌다"고 말한 것은 결코 변할 수 없는 영구적(규범적) 진리를 말하기 위해서도 아니고,

또 여자가 남자보다 열등함을 말하기 위한 것도 아니며, 단지 거짓 교사들이 가르친 내용이 잘못되었다는 것을 에베소교회 여성들에게 알려주기 위해 창세기의 기록을 있는 그대로 '단순 인용'해 진술한 것 뿐이다.

영지주의 문헌인 「*Gospel of Mary*」(이규호, 741-746)에서 여자들이 영지주의 집단 안에서 지도적 역할을 감당했지만, 그 대신 값비싼 대가를 치러야 했는데, 그것은 '여성성'(feminity, womanhood)을 포기하고, 영적 성장과 지식(그노시스)를 증가시키기 위해 성(性)생활과 '출산'을 포기해야만 하는 것이었다. 즉 여자들이 '지식'을 통해 구원받으려면 아이 낳는 행위를 포기해야 했다. 결국 거짓 교사들의 이 거짓 가르침을 받아들인 에베소교회의 여자들은 혼인을 하지 않으려 했고, 바울은 이러한 잘못된 가르침을 교정하기 위하여 여자들이 아이 낳는 것을 포기하지 말아야 한다는 의미로, "정절로써 믿음과 사랑과 거룩함에 거하면 아이를 낳음을 통해서 구원을 얻으리라"(딤전 2:15)고 말한 것이다.(이은순, 58-62) 여성 안수 반대론자들은 12절의 "권위를 행사하다"라는 왜곡된 번역을 문자적으로 받아들여 그것을 근거로 여성 안수 반대론을 펼치고 있는데, 그렇다면 같은 문자주의 해석 원리로 15절 "해산함으로 구원을 얻으리라"라는 말을 그들은 또 어떻게 해석할지 몹시 궁금하다. 그렇게 똑같이 문자적으로 본문 15절을 해석한다면 '미혼 여성'이나, 기혼자라도 '불임인 여성들'은 구원의 길이 영영 막혀버리는 것 아니겠는가. 그런 식으로 성경을 제멋대로 해석하는 것이 정말 개혁주의 신학에 부합

된다고 생각하는가.

만일 여자들이 쉽게 속기 때문에 여자들을 신뢰할 수 없으므로 여자들이 가르치지 않아야 한다면, 단지 '남자들'만이 아니라 '모든 사람'을 가르치지 못하도록 막았어야 하지 않겠는가? 하지만 디모데후서 1:5, 3:14과 디도서 2:3에 의하면, 여자가 어린아이들과 다른 여인들을 가르쳤음을 알 수 있다. 또 사도행전 18장에 의하면 디모데 자신도 브리스길라가 남자(아볼로)를 가르쳤다는 것도 알고 있었다. 바울서신에서도 신자들이 서로 가르치거나 또는 가르치도록 권면하는 것을 묘사하는 구절도 많이 있다 (롬 15:14; 고전 1:5, 14:26; 엡 5:19; 골 1:28, 3:16; 딤후 2:2 등). (이은순, 58-62) 성경을 절대가치가 있는 하나님의 말씀으로 생각하고 날마다 묵상하며 연구한다고 주장하는 사람들이라면, 더더군다나 개혁주의, 보수주의 신학을 사수(死守)하며 성경대로 산다는 사람들이라면, 최소한 이런 구절들을 근거로 "여자는 교회에서 가르쳐서는 안 된다", "목사가 되면 안 된다" 등의 조선 시대 유교적 가부장제에 찌들어 도덕적으로 썩어빠져서 기방(妓房)이나 드나들던 양반 한량들처럼 허튼 이야기들을 더는 하지 말아야 한다.

4) 바울의 현실적인 지시와 본문의 결론

이 구절과 관련된 1세기 당시의 배경이 본문 해석에 아주 중요하기 때문에 다시 요약하면, 영지주의자들은 남자보다 여자가 먼저 창조되었다(딤전 2:13과 반대)는 것을 믿었으며 그래서 여성들이 영지주의 집단 안에서 지도자 행세(딤전 2:12과 반대)를 했다, 다만 여성들이 그들의 구원을 보장하는 지식(그노시스)을 잃지 않으려면 여성성을 포기하고 출산도 하지 않아야 한다고(딤전 2:15과 반대) 가르쳤다. 교육을 별로 받지 못했던 당시 에베소교회 여성 교인들은 낮은 교육 수준 때문에 예수 그리스도 안에서 주어진 '자유'를 오해한 나머지, 영지주의를 전파하는 거짓 교사들에게 쉽게 속아 교회 공동체를 어지럽히면서 방자하고 시끄럽게(딤전 2:11-12과 반대. 바울은 여기서 "조용히[헬, 헤쉬키아]"라는 말을 두 번이나 쓰고 있다) 날뛰고 있었던 것으로 보인다. 그래서 사도는 부득이 거짓 교사들의 영지주의 교리를 뒤엎기 위해 창세기 말씀을 들어 "남자가 먼저 지음을 받았다", "여자가 해산함으로 구원을 받는다"는 말로 타이르면서, 제대로 된 교육도 받지 못하고 지도자 훈련도 전혀 돼 있지 않던 여인들이 에베소교회에서 지도력을 가지면 안 된다고 단호하게 못을 박은 것이다. 동시에 15절에서 '해산(解産)'을 말한 것은, 출산을 거부하는 영지주의 가르침을 뒤엎음과 동시에 창세기 3:15의 '메시아 언약(여자의 후손[해산]과 뱀의 전투)'을 구속사적 관점에서 은근히 언급하고 있다는 점도 주목해야 한다. 따라서 디모데전서 2:15 말씀을, 여자인 마리아의 '해산'으로 이 땅에 오신 메시아 예수 그리스도를 통해 남자나 여자나 구원에 이른다는 것을 바울이 암시하고 있는 것으로 보는 것이 언약사적인 관점에서도 15절에 대한 올바르고 바람직한 해석이 될 것이다. 따라서 디모데전서 2:11-15 본문에서 바울은, 에베소교회 안에서 아무 교육도 훈련도 받지 못했으면서 거짓 가르침에 속아 주제넘게 남자들을 지배하려는 일부 여성들의 못된 행위를 그치라는 것, 그리고 **준비 안 된 사람은 (남자·여자를 불문하**

ㄱ) **교회 지도자로 세우면 안 된다는 것**을 분명하게 강조하고 있
는 것이다. 고린도교회나 에베소교회에서 불행히도 여자들이 문
제였기 때문에 그렇게 이야기했지만, 만약 남자들이 문제였다면
사도는 "남자들은 교회에서 잠잠하라" 혹은 "남자가 가르치는 것
과 여자를 지배하려는 자세로 다스리는 것을 허락하지 않는다"
는 말로 아주 준엄하게 꾸짖었을 것이다. 다시 말해서 본문은 에
베소교회 안에서 준비 안 된 여성들이 설치는 '방식'을 책망한 것
이지, 여성의 지도력 자체를 사도가 부정한 것이 아니라는 말이
다. 만일 여성 안수 반대론자들의 말처럼 이 구절이 여성 안수를
반대하는 말씀이라고 할 경우, 바울 사도는 구약에서 "사사시대
의 모세"로 드보라 같은 걸출한 여성을 세워 쓰셨던 하나님, 남
자든 여자든 필요에 따라 당신의 '남녀 종들을 불러 쓰시는 하나
님의 경륜'을 정면으로 거스르는 셈이 되는 것이다. 명색이 '개혁
신학'을 추구한다는 사람들이 성경 자체를 이렇게 모순되게 제
멋대로 해석해서야 되겠는가? 결론적으로, 디모데전서 2:11-15
말씀은, 앞서 다뤘던 고린도전서 14:34-35 말씀과 마찬가지로
여성 안수를 반대하는 근거 구절이 결코 될 수 없다.

5) 디모데전서 3:2과 디도서 1:6

디모데전서 3:2와 디도서 1:6 말씀을 들어 여성 안수 불가
론을 펼치는 사람들이 있다. 우선 이 구절들이 신약성경에서 아
주 난해한 구절 가운데 하나라는 것을 솔직히 인정할 필요가 있
다.(윌리엄 D. 바운스, 456-466) 지도자의 조건과 도덕성에 관한 기준
을 다루는 그 내용이 거의 같기 때문에 디모데전서 3:2과 디도

서 1:6 두 본문을 그냥 하나로 묶어서 다루도록 하겠다. 1세기의 사회 문화적 배경과 당시 에베소교회 여성들의 낮은 교육수준에 대해서는 앞에서 충분히 이야기했으므로 그 내용을 전제로 설명하겠다. 1세기 헬라 사회에서 문해율이 10% 정도라고 이야기했는데,(박영호, 2021:187) 그 10%마저도 대부분 남성이었다는 점을 전제하고 이야기하자. 디모데 목사의 입장에서 생각해 보자. 나중에는 어떻게 될망정 우선은 교회 지도자로 세울 만한 재목이 교회 안에 몇몇 남자밖에 없을 때, 당신이 디모데 목사라면 어떻게 할 것인가? 이런 에베소교회의 현실을 잘 알면서 디모데 목사에게 편지를 쓰고 있는 바울은 또 누구를 대상으로 '감독' 세우는 이야기를 하게 될 것 같은가? 남자일까, 아니면 여자일까? 디모데전서 2:11-15 말씀을 다루면서도 설명했듯이 당장은 남성 중에서 지도자를 세울 수밖에 없는 교회 현실이 아니겠냐는 말이다. 디모데전서 3:2에 '감독'으로 번역된 헬라어는 '에피스코포스'다. '에피스코포스'는 사도행전 20:28; 빌립보서 1:1; 디모데전서 3:2; 디도서 1:7; 베드로전서 5:2에 등장하고, 흔히 '장로'로 번역되는 '프레스뷔테로스'는 너무 용례가 많은 복음서는 제외하고 사도행전과 서신서에서만 찾아보더라도 사도행전 2:17, 4:5, 8, 23, 6:12, 11:30, 14:23, 15:2, 4, 6, 22, 16:4, 20:17, 21:18, 23:14, 24:1, 25:15; 디모데전서 5:1-2; 디도서 1:5; 히브리서 11:2(선진: 조상들); 야고보서 5:14; 베드로전서 5:1, 5; 요한이서 1;요한삼서 1 등에 나온다. '목사' 또는 '목자'로 번역된 '포이멘'은 마태복음 25:32; 26:31; 마가복음 6:34; 요한복음 10:11, 14, 16; 시도행전 20:28; 에베소서 4:11; 히브리서 13:20; 베드로전서 2:25, 5:2 등에 나온다. '장로'를 가리키는 말이 같은 단락인 사도행전 20:17에서는 '프로스뷔테로스'로 행 20:28에서는 '에피스코포스'로 쓰이는 점에서도 확인되듯이 신약학자들은 '에피스코포스', '프레스뷔테로스', '포이멘'을 교회지도자에게 붙이는 엇비슷한 호칭, 곧 '장로', '목사' 혹은 '목자'로 본다. 분명한 것은 디모데전서 3:1-7에서 사도의 주요 관심은 목사 장로와 같은 교회 지도자의 '도덕적 자격 요건'이지 '장로 안수'가 아니었다는 점이다. 그중에서 사도가 가장 강조한 것이 '건전한 결혼'이었다.(윌리엄 D. 바운스, 456-466) 여기서 사도는 교회 지도자의 '도덕적' 자격 요건을 특히 더 강조하고 있다. 디모데전서 3:2의 "한 아내의 남편이 되며"라는 말은 바로 앞에 있는 "책망할 것이 없으며"(헬. 아네필렙프톤 〈 아네필렙토스)에 대한 보충설명의 시작 부분이다. 디모데전서 3:2의 '에피스코포스'는, 디모데 목사가 당시 에베소교회를 이미 지도하고 있었기 때문에 에베소교회 상황으로 미루어 오늘의 '장로' 정도로 이해하는 것이 더 합리적일 것이다. 여성 안수 반대론자들의 족집게 같은 지적처럼 디모데전서 3:2의 대상이 '남자'인 것은 분명히 맞다. 에베소교회 여성도들의 교육 수준이 낮으며 더더군다나 거짓 교사들의 거짓 가르침에 흔들린 여성들이 너무 많은 상황(딤전 2:11-15에 대한 설명 참조)에서 당시 에베소교회에서 교회 지도자가 될 만한 재목 중에는 여성이 별로 없었을 것임을 쉽게 짐작할 수 있다. 그러면 당장은 남성 중에서 지도자를 세울 수밖에 없을 텐데 당시 이방 문화의 난잡한 도덕성과 성문화 때문에 사도는 부득이 교회 장로로 세워질 남자는 '일부일처제'를 준수해야 한다는 지침을 줄 수밖에 없었을 것이다. 만일 에베소교회에 지도자가 될 만한 여성이 있었다면 바울은 아마 "한 남편의 아내가 되며"라는 말도 분명히 덧붙였을 것이다. 에버나드, 터툴리안, 모팻 같은 학자들은 본문의 "한 아내의 남편이 되며"라는 말이 '한번 결혼한 후의 재혼을 금지하는 것'이라고 주장한다. 이런 주장은 초대 교부 시대부터 한번 결혼한 이후 독신자가 되어 버린 성직자들의 재혼을 금지시킨 관례와 로마 가톨릭교회에서 성직자들의 금욕주의를 내세웠던 예에서 영향을 입은 듯하다. 그러나 이 본문은 엄밀히 말해서 사별한 교회지도자의 재혼을 금지하는 내용은 아니다. 칼빈과 스코트는 다만 일부일처제와, 감독(장로)은 자기 아내 한 사람에게 충실하여야 한다는 것을 의미한다고 보고 있다. 곧 지도자는 '건전한 가정'을 꾸려야 한다는 뜻으로 해석할 수 있는 언급이다. 그러므로 이 본문은 당시 '일부다처'를 묵인하는 이교(異敎)로부터 개종한 사람들 때문에 에베소교회에 큰 문제가 되었던 '다처주의'와 '잡혼'에 대한 사도의 염려와 경고라고 볼 수 있다. 뿐만 아니라 당시 유대교에서도 전통적으로 '일부다처'를 허용했기 때문에 유대교에서 기독교로 개종한 사람들에게도 마찬가지로 비슷한 '일부다처' 문제가 걸려 있었을 것이다.(윌리엄 D. 바운스, 456-466) 다시 말하면 남자 여자를 불문하고 사도는 교회 지도자에게 도덕적으로 '단정한 가정생활'이 아주 중요하다고 본 것이다. 에베소교회에서 거짓 교사들이 결혼을 금하고(딤전 4:3, 2:15), 성적인 난잡함이 문제였던 상황에서 디모데서신에서 바울이 가정 생활에 대해 강조하는 지침은 대략 다음 네 가지로 요약된다. ① 결혼해야 한다. ② 일부다처는 안된다. ③ 아내(배우자)에 대한 정절을 지켜야

한다. ④ 재혼/이혼하지 않아야 한다.(윌리엄 D. 바운스, 456-466)

　이런 일반적인 지침을 바탕으로 하면서 교회 지도자에게는 한 단계 더 높은 도덕적 수준을 사도가 요구하고 있었던 것이다. 그건 그렇고, 이 한두 구절 때문에 여성 안수는 안 된다고 벅벅 우기는 사람들에게 되묻겠다. 지금 교회에서 디모데전서 3:1-7 의 기준에 따라 일부일처제를 제대로 확인한 다음 안수를 하고 있는가? "한 아내의 남편"이 되어야 감독으로 세울 수 있다면서 왜 미혼 독신 남성을 목사로 안수하는가? 디모데전서 3:3-4에 아내를 때리지 말아야 한다고 하고 자녀들의 신앙도 잘 점검하 라고 하는데 안수하기 전에 이런 부분들을 모두 다 철저하게 확 인한 후 안수하는가? 폭력에는 '육체적인 폭력'뿐 아니라 '언어폭 력'도 포함되는데 그런 부분까지도 꼼꼼히 확인 후에 안수하는 가? 돈을 사랑하는 사람(더러운 이익을 탐하는 사람)인지 제대로 확인 하여 안수하는가? 교회 밖 사람들로부터도 칭찬(좋은 평)을 듣는 사람인지 철저히 조사해 보고 안수하는가? 성경대로 살겠다는 사람들이니까, 디모데전서 3:1-7에 있는 조건들을 정확히 따져 서 거기에 맞는 사람만 정말로 엄선해서 지금 목사나 장로로 안 수하고 있느냐고 묻는 것이다. 내가 보기에 이 본문과 관련해서 현실적으로 하나님의 말씀을 매우 '선택적'으로 적용하는 일이 그동안 비일비재했고 지금도 그러한데 유독 디모데전서 3:2, 디 도서 1:6 구절들만 똑 떼어내서 여성 안수 불가론을 줄기차게 펼 치는 이유가 무엇인가? 말씀을 입맛대로 골라 '선택적으로' 적용 하면서 '여성 차별'이 정당하다고 큰소리치는 것, 솔직히 좀 부끄 럽지 않은가? 당신들의 아내와 딸들 앞에서도 그렇게 당당하게 그런 말을 할 수 있는가? 잘난(?) 가장의 그런 말을 들으면서 당신들의 아내와 딸은 무슨 생각을 할까? 기분이 좋을까, 나쁠까? 당신들의 딸이 시집 가서 평생 남편에게 그런 '차별'을 받고 산다면 당신들의 기분은 또 어떨 것 같은가?

10. 바울의 창조 기사 인용과 적용, 그 다양성

이렇게 설명했음에도 '여성 안수 불가론'을 끝내 포기하고 싶지 않은 이들이 아직 있을 것 같아서 바울의 창조기사 인용 방식, 그 다양성에 대해 조금 더 설명하고자 한다.(J. J. Davis, 15–17) 디모데전서 2:11–15 및 다른 구절에서 사도가 지역교회 상황과 함께 '특정 교회'의 문제들을 고려하면서 창세기 본문을 언급하고 있음을 보여주기 위해 창세기 창조 이야기에 기대는 바울의 호소, 그 다양성을 검토해 볼 필요가 있다고 보기 때문이다. 여기에서 이 구절을 근거로 여성 안수를 반대하는 전통적인 여성 안수 반대론자들이, 바울이 창세기 본문을 적용한 '문맥을 적절하게' 이해하지 못했다는 것을 분명히 확인할 수 있을 것이다.

1) 전통적인 입장: "아무튼 여성 안수는 '절대' 안 된다"

여성 안수를 반대하는 전통적인 입장에 서있는 이들은 바울이 에베소 교회에 편지를 쓸 때 여자가 남자를 가르치는(NIV) 권위를 가질 수 없다('아우펜테인'이라는 낱말의 이 현대적인 번역이 아주 잘못됐다는 것을 이미 밝혔다)고 말했다고 주장한다. "아담이 먼저 지음을 받고 하와가 그다음이며, 아담이 속은 것이 아니요 여자가 속아 범법자가 되었기" 때문이라는 것이다(딤전 2:13-14). 그래서 바울이 타락 이전과 타락 직후의 인간 상황을 설명하면서 창세기 이야기에 호소하고 있다(창 2:18-25, 3:1-7)는 것이다. 13절 이후, 창조에서 하와보다 아담의 연대기적 우선순위(앞에서 아담과 하와의 생일이 같다는 것을 분명히 지적했다)를 언급하는 것은 '창조' 이야기이므로, '타락 이전 창세기 본문에서' 사도가 끌어낸 결론은 단순히 '문화적 상황'을 반영한 것이거나 '인간의 죄된 상태'를 반영하는 것이 아니라, 모든 시대와 장소에 대한 '규범적인 지침'이며 결과적으로 모든 상황에서 특정 직위에 여성의 안수를 금지하는 것으로 봐야 한다는 것이다. 그것은, 바울의 추론이 단지 제한된 문화적 맥락이나 특정 교회의 상황이 아니라 기본적인 창조 질서에 호소하기 때문이라는 것이다. (그러면서도 예수 그리스도의 대속 사역을 통한 구원 이후의 '남녀관계 회복'에 대해서는 일체 말을 하지 않는 '이중성'을 보인다.) 성경의 권위를 받아들이고 아담과 하와를 역사적 인물로 생각하는 사람들에게 그런 해석은 여성을 목사나 장로로 안수하는 것에 대해 중대하고 도무지 용납할 수 없는 '여성 안수 반대론'을 강력하게 지지하는 것처럼 보일 것이다. 비록 아담과 하와를 역사적 개인이 아니라 최초 인간의 원형적 대표자로 간주하더라도, 바울이 이러한 설명에서 이끌어낸 함의(含意)는 그 본문이 '타락 이전'의 창세기 본문에서 도출된 것이기 때문에 '초—문화적(영속적) 타당성'이 있다고 우길 수도 있고 그에 따라 오늘날도 "여성 안수는 절대 안 된다"고 여전히 몰상식하게 주장할 수는 있을 것이다.

2) 개혁주의적 입장: "여성 안수 반대론자들은
바울의 창세기 인용 방식을 오해했다"

그러나 이런 논증은 사도 바울이 특정한 교회와 회중을 위한 그의 목회적, 신학적 관심과 특별히 관련된 방식으로 '창조 본문'에서 '다양하게' 의미를 이끌어내는 바울 특유의 적용 방식을 전혀 고려하지 못하고 있다는 점에서 성경 해석학적으로 심각한 문제가 있다. 그 때문에 '여성 안수 반대'와 같은 엉뚱한 교리가 추출될 수 있기 때문이다. 따라서 각기 다른 교회 상황에서, 바울 사도가 이 동일한 창조 본문에서 각기 다른 적용을 어떻게 이끌어 내는지를 좀 자세하게 예증하겠다.(J. J. Davis, 15-17)

⑴ 적용 사례 1

예를 들어 보자. '로마서'에서는 하와가 아니라 아담이 전 인류에게 죄와 죽음을 가져온 대표적인 인물로 지목된다(롬 5:12-21). 하와는 그리 자주 언급되지 않는다. 그리스도가 "오실 분"(14절) 곧 두 번째 아담으로 제시된 것처럼, 아담은 "타락한 인류의 우두머리"로 제시된다. 아담에 대한 초점은 유대인과 이방인을 포함한 전(全)인류를 위한 복음으로서 바울의 목적과 일치한다. 그가 이전에 로마서 3:9에서 말했듯이 "유대인이나 이방인이나 다 죄 아래 있다." 율법의 의로운 표준은 "온 세상이 하나님께 책임을 지게"(3:19)한다. 그러므로 온 인류가 보편적으로 복음을 필요로 한다. 나중에 로마서에서 그는 유대인과 이방인 개종자의 회중이 '께름칙한 고기'를 먹고 '특별한 날'을 지키는 것과 같은 교회 내부적인 세부 문제를 다루지만(14:5-23), 로마서 서두에서

(1-3장), 그는 특히 복음의 "세계적"이고 "보편적인" 타당성에 관심이 있음을 밝히고 있으며, 결과적으로 모든 사람을 정죄에 이르게 한 '아담의 불순종'이라는 관점에서 창세기 3장을 읽어낸다(아담 한 사람의 범죄를 지적하는 로마서 5:18에 하와 이야기는 아예 없다).

그러나 바울은 고린도교회에 편지를 쓰면서 특히 이 지역교회 집회의 문제와 관련된 창조 이야기를 다르게 적용했다. 공적 예배에서 여성의 합당한 행동에 대한 지시를 내릴 때(고전 11:2-16), 바울은 창조적인 근거를 지적했지만(8절, "여자가 남자에게서 났으며", 창 2:21-23 참조), 이것을 남자와 여자의 '상호 의존'이라는 방향으로 규정한다(고전 11:11-12). 그러면서 사도는 고린도의 여성들이 회중 앞에서 계속 기도하고 예언(설교)할 것을 기대하고 그것을 분명히 허락했다(고전 11:5).

(2) 적용 사례 2

고린도후서에서 사도는 거짓 교사들에게 속는 위험에 대해 언급한다. 고린도후서 11:3에서 그는 "하와가 뱀의 간계에 미혹된 것 같이(창 3:1-6) "다른 예수"(4-5절)를 전파하는 "수퍼(잘난 척하는 가짜) 사도들"로 인해 그리스도를 향한 성도들의 마음이 미혹되어 진실하고 순수한 신앙이 흔들릴까 걱정했다. 주목해야 할 요점은 여기서 바울이, '하와'가 속은 것과 고린도 '회중 전체'(또는 그 [남성] 지도자들)가 거짓 교사들에게 속는 위험을 똑같은 흐름으로 생각했다는 것이다. 이 본문에서 하와의 비유는 여성만이 아닌 고린도교회 '회중 전체'에 적용되는 것으로 명확하게 받아들여지고 있어서, 마치 그들이 단지 성별 차이 때문에 속임수에 취약한 것처럼 여긴 나머지 특히 여자들에게만 바울이 이 창세기 본문을 적용시키지 않았다는 것을 금세 알 수 있다. 디모데전서 2:12에서 바울이 에베소에 있는 교회에 편지를 쓰고 있을 때 바울은, 젊은 과부들 중 일부가 이미 "사단을 따르기 위하여 돌아섰다"(딤전 5:15)는 점을 알고 그것을 염려했다. 에베소에 있는 "허약한 여인들"이 죄의 무거운 짐을 지고 진리를 배우지 못하며 (요즘의 신천지 이단같은) '거짓 교사들'에게 속아 그들의 가정이 무너진 것도 알고 있었다(딤후 3:6-7).

고린도후서 11:3과 디모데전서 2:12의 이 비교는 창세기의 창조와 타락 기사를 읽고 적용할 때 바울이 "일률적인" 해석(원칙)을 갖고 있지 않음을 알려준다. 따라서 바울이 인용하는 창세기 본문 속 "하와"는 성경 해석상 결국 여성의 '성별'을 가리키는 것이 아닌 하나의 '상징'으로 볼 수밖에 없다. 거짓 가르침이 두 상황 모두에서 위험할지라도 각 지역교회의 상황이 달랐기 때문이다. 이와 같은 '다양한 적용점'은 지역교회의 특정 상황에 따라 바울이 창세기 이야기를 문맥상 감각적인 방식으로 가져와 '각기 다르게 적용'한 결과이다.

⑶ 적용 사례 3

바울이 창조 본문을 상황에 따라 감각적으로 적용한 또 다른 예는 에베소와 로마의 교인들에게 편지를 쓸 때 '음식에 관한 논쟁'을 다루는 다양한(각기 다른) 방법에서도 볼 수 있다. 디모데전서 4:1-5에서 에베소에 쓴, 혼인을 금하고 음식을 금하는 거짓 교사들에 대한 바울의 반응은 "하나님이 지으신 모든 것이 선하 매 감사함으로 받으면 버릴 것이 없나니"(4절)였다. 인용된 원리 의 바탕은 창세기 1:31, "하나님이 지으신 모든 것을 보시니 보 시기에 심히 좋았더라"이다. 그 결혼 제도와 모든 종류의 음식(이 교도 우상에게 바쳐졌든 아니든, 모든 고기나 채소)은 본질적으로 그 자체 로 "깨끗한" 것이다. 하나님의 '창조 자체의 선함', 바울은 이 '원 칙'으로 거짓 교사들의 거짓 가르침과 맞서 싸워 이겨야 한다고 강력하게 주장한다.

그러나 허용되는 '음식'과 '특별한 날(절기)' 준수와 유사한 문 제(롬 14장)에 대해서는, 상황이 다르기 때문에 바울은 로마서에 서 '다소 다른 목회적 접근' 자세를 취한다. 에베소 회중과 마찬 가지로 사도는 '모든 음식의 선함'이라는 창조 원리를 암시하지 만(14:14, "그 자체로 더러운[속된] 것이 없느니라", 창 1:31 참조), 로마 교회 에는 고려해야 할 또 다른 역학관계가 있었다. 교회 내 유대인과 이방인의 서로 다른 종교적, 문화적 배경 탓에 유대인 출신 신자 들의 '음식과 관련된 신앙 양심'의 문제가 생기고 있었다. 로마교 회의 '일치'를 방해하는 유대인과 이방인 개종자 사이의 관습과 양심이라는 또 다른 심각한 문제가 있었던 것이다. 원칙적으로 로마에 있는 이방인 출신 신자들은 "창조 원리에 기반하여" 아 무 음식이나 고기를 자유롭게 먹을 권리를 주장할 수 있지만, 바 울은 유대인 출신 형제들의 양심을 고려하여 기독교적 사랑으로 그 권리를 스스로 자제해 줄 것을 촉구한다. 이러한 상황에서 바울은 '교회 일치'라는 중심적이고 구속사적인 관심과 '부차적인 문제' 사이에서 기독교 양심에 대한 존중이, 음식과 고기를 자유롭게 먹을 수 있는 모든 개인의 "창조 원리에 기반한 권리"보다 우선해야 한다고 강조한다. 바울이 '음식'과 '고기'의 창조적 선함의 타당성을 부정하는 것은 아니지만(앞서 언급한 바와 같이 로마서 14:1-4에서 그는 "음식이 그 자체로 부정한 것은 없다"는 전제에서 말을 했다) 이 원칙은 로마교회 교인들의 삶에는 적용되지 않는다. 에베소에서는 문제의 회중이 처한 특정한 상황 때문에 바울은 모든 음식을 먹을 수 있는 "창조 원리에 기반한 권리"를 더 강력하게 주장할 수밖에 없었다. 왜냐하면 이 자유롭게 음식 먹을 권리를 거부하는 것은 곧 미혹하는 영을 따라 믿음을 버릴 위험한 길로 이끄는 거짓 교사들로부터 오는 거짓 가르침을 따르는 것이 되기 때문이다(딤전 4:1). 다시 말해서 에베소교회에서 음식 먹는 문제는 신앙 자체의 보존과 관련이 있었다. 반면에 로마교회에서는 유대인이든 이방인이든 어느 쪽이든 믿음을 버리고 마귀에게 속거나 이단 교리의 방향으로 흘러갈 위험에 처해 있다는 표시가 전혀 없었다(롬 14장). 바로 그런 이유로 바울은, 똑같은 창조 원리(음식을 포함한 하나님이 지으신 모든 것이 선하다)를 근거로, 에베소교회에서는 이단과 싸우기 위해 "거리낌 없이 음식을 먹으라"고 하고, 로마교회에서는 교회의 하나됨을 유지하기 위해 "음식 먹는 것을 자발적으로 삼가라"는 지시를 한 것이다.

더 나아가, 바울이 말한 두 교회의 음식 논쟁에 대한 앞에서의 논의는 한 상황에서 음식을 (자유롭게) 먹을 수 있는 창조 원리적인 권리(딤전 4장)가, 다른 경우(롬 14장)에서는 음식을 먹을 수 있는 무조건적인 허락으로 이어지지 않는다는 것을 암시한다. 따라서 바울이 창세기 본문을 각 지역교회의 상황에 맞춰 다양하게(서로 다르게) 적용하는 이런 방식은, 또한 교회 안에서 여성들의 권위 행사를 제한하기 위해 창조 기사를 써넣은 것(딤전 2:12-13)이, 또 다른 상황에서도 똑같은 금지를 의미하지는 않는다는 것을 아주 강력하게 시사한다. 여기에서, 두 경우 모두에서 바울은, 문맥상 매우 감각적인 방식으로 사도의 핵심 가치이자 사도적 유산인 '건전한 교리'와 '믿음의 보존', '교회의 일치' 그리고 '그리스도인 가정의 조화와 질서'를 각 지역교회에 정착시키기 위해 각 교회의 상황에 따라 창조 기사 본문을 '다양한 방식으로' 융통성 있게 '적용'하고 있다고 볼 수 있다. 그러기에 바울이 인용한 '창조 원리'(딤전 2:13-14)를 근거로 함부로 여성 안수를 반대하는 논리를 세우면 안 된다.

(4) 적용 사례 4

디모데전서 2장 11-15절 말씀에서, 바울이 '실제로' 당시 에베소의 여성들이 교회에서 지도자 노릇하는 것을 명확하게 금했던 것은 사실이다. 그것은 분명하다. 그 이유는 앞서 설명했듯이 거짓 교사들이 에베소에서 심각한 위협을 가하고 있고 훈련받지 않은 여성들이 거짓 교사들과 사탄을 따라 거짓 가르침에 속아 방황하고 있었기 때문이다. 바울은 창세기 3장의 하와가 속은 것과 에베소교회 여자들이 속은 것 사이에 명백한 '유사점'을 보았고, 또한 창세기의 '하와가 속은 것과 남녀 구분 없이 고린도

교회 '모든 회중'이 속은 것 사이의 '유사점'을 분명히 보았다. 하지만, 당시의 에베소교회나 고린도교회와 달리, 신앙과 생활이 건전하면서도 교회 일치, 가정의 조화와 질서라는 사도적 핵심 가치와 일치하는 건강한 교회의 다양한 상황에서는 여성이 교회에서 지도력을 발휘할 수 있는 길이 얼마든지 자유롭게 활짝 열릴 수 있을 것이다. 그렇다면 디모데전서 2장과 고린도후서 11장의 문맥상 차별화된 용법에 비추어 창세기 본문에서 이끌어내야 하는 일반적이고 "초—문화적인" 교훈은, '규범적인 여성 안수 금지'가 아니라, ① 언제 어디서나 여성이나 남성 모두 거짓교리나 거짓 가르침에 속아 종종 잘못된 길로 빠질 수 있다는 것, ② 남녀를 불문하고 '준비되지 않은 이'는 교회 지도자로 세워지면 안 된다는 것이다. 그러기에 거짓 교사들이나 거짓 가르침에 쉽게 속는 자들이 교회 지도자로 안수받아서는 안 된다는 것이 디모데전서 2:11-15에서 바울이 주장하는 핵심이다. 요즘 식으로 말하면 "신천지 같은 '이단'에 빠진 사람들을 교회 지도자로 세우지 말라"는 말이나 똑같다. 믿음의 건전함은 주님의 거룩한 몸인 교회에서 장로나 목사나 집사로서 봉사하는 데 꼭 필요한(그러나 충분하지는 않은) 조건이기 때문이다(딤전 3:1-13).

11. 신약성경 바울서신에 등장하는 여성 사역자들

구약성경의 여성 사사 드보라와 같은 여종들이 신약시대에도 많이 있었다. 그들의 면면을 간략하게라도 살펴보는 것이 이 주제를 이해하는 데 큰 도움이 될 것이다. 더군다나 이 책에서 특히 바울서신에서 쟁점이 되는 몇몇 성구들을 세밀하게 검토해 왔던 만큼 바울서신에 나타나는 여종들의 활약상을 간략하게라도 살펴보는 것은 더더욱 의미가 있을 것이다.

1) 뵈뵈

버울서신에는 여러 명의 여성 사역자들이 등장한다. 로마서 16:1-2에서 그는 겐그레아교회의 일꾼 뵈뵈를 로마교회에 천거하면서 합당한 예절로 그를 영접할 것을 명령하고 있다.

먼저 참고삼아 차정식 교수의 '성경에 안 나와 여성 목사 안수가 안 된다니?'라는 제목의 글(차정식 교수의 페이스북[facebook] 글 갈무리)을 잠시 인용하겠다.

> 이른바 '장자교단' 이번 총회의 이 변명은 너무 나태하고 무식하다. 그 교단엔 성서학자가 없는가? 성경에는 오늘날 개념의 '목사'라는 타이틀도 안 나오고 '목사 안수'라는 용어도 없다. 사도행전 6장에 식탁을 섬기기 위해 선발한 7명도 오늘날의 '집사'와 다르다. 저자는 그들을 '디아코노스'(diakonos)라는 명사 타이틀로 부르지 않았다. 다만 12사도가 말씀을 섬기듯이 7명의 일꾼은 식탁을 섬기는 데 헌신하도록 선임했다는 것 그런데 재밌게도 막상 뽑아놓은 이 일곱 명도 식탁을 섬기는 등 공동체의 재정 집행에 봉사한 내용은 전혀 없고, 스데반과 빌립의 예가 증언하듯, 베드로 등 12사도와 마찬가지로 복음을 전파함으로 말씀을 섬기는 데 헌신한 모습을 보여준다. (왜 말 안 들은

겨?) 마찬가지로 로마서 16장에 디아코노스(의 여성 명사 diakone)로 호칭된 뵈뵈라는 여성도 오늘날 장로교회의 집사가 아니다. 그는 바울을 포함해 많은 사람들을 물심양면으로 도와준 후원자(prostatis)였고 겐그레아 가정교회를 책임진 사역자(minister)였다. 이런 점에서 12사도도, 사도 바울도 똑같이 diakonos였다. 그 섬김의 대상과 범위, 유형이 좀 달랐을 뿐이다. 여성에게 잠잠하라는 고린도전서의 논란 구절은 방언과 예언 등 은사의 활용과 무질서 문제라는 특수한 상황에서 나온 권고였다고 나는 본다.(그밖에 이 구절 해석에는 후대 편집설과 인용 반박설 등 다른 두 개의 학설이 더 있다.) 오늘날 여성 목사 안수라는 쟁점과 전혀 무관한 이 구절을 만고불변의 교리적 진리로 숭배하는 관점은 초등학문에도 미치지 못하는 너무나 비지성적, 반지성적 수준의 견강부회다. 오늘날 세상살이와 신앙생활과 관련하여 성경에서 답을 구하기 어렵거나 불가능한 것들이 너무 많다. 삶의 환경이 지난 2천 년, 3천 년간 너무 달라졌고 성경에 안 나오는 게 너무 많기 때문이다. 반대로 성경의 기록을 문자적으로 적용할 때 무리한 것들도 허다하다. 그래서 건전한 상식과 교양, 역사의식이 중요하고 시대정신에 걸맞은 합리적 판단, 해석적 작업이 필요한 것이다. 교회가 지켜야 할 소중한 전통적 가치도 많고 버려야 할 유산도 상당하며 오늘날의 맥락에서 재해석하고 재적용해야 할 교훈들도 적지 않다. 이 모든 것들을 다 품고 있는 책이 바로 성경이다. 복잡하게 따지지 않더라도 똑똑한 중고등학생 수준만 되어도 그 정도는 분별할 수 있다.

뵈뵈가 여성인 점은 뵈뵈를 가리켜 "우리 자매"라고 부르고 있는 점에서 분명하다. 우리말로 뵈뵈에게 붙여진 "겐그레아교회의 일꾼"이라는 호칭을 어떻게 이해할 것인가? 바울은 뵈뵈에게 "일꾼", "자매"라는 호칭뿐만 아니라, 여러 사람과 나의 "보호자"라는 호칭까지 붙이고 있다. "보호자"라는 호칭은 일반적으로 왕이나 귀족들에게 붙여지는 존칭이다.(최갑종, 2011:345-374) "일꾼"으로 번역된 헬라어 '디아코노스'는 일꾼(servant), 조력자(helper), 집사(deacon), 사역자(minister) 등으로 다양하게 번역될 수 있다.(W. Bauer, 184-185)

"디아코노스"라는 호칭을 "사역자"(F. F. Bruce, 130)가 아닌 "집사"(박윤선, 398)로 이해한다고 하더라도, 이 '집사'는 현대 교회에서 통용되는 집사는 아니다.(정훈택, 233) 사도행전에 나타나 있는 일곱 집사의 경우에서 볼 수 있는 것처럼(행 6장 이하 참조), 스데반, 빌립 등 일곱 집사들은, 헬라인 기독교 공동체의 지도자로서 단순히 봉사의 직무만 한 것이 아니라, 복음을 전파하고 가르치는 사도적 사역도 감당하였다.(최갑종, 2011:345-374) 바울은 이 말을 자신의 호칭으로도 사용하고 있다(고전 3:5; 고후 3:6; 6:4; 11:23; 엡 3:7; 골 1:23-25). 뵈뵈가 일반인이 아닌 바울과 같은 목회자였을 것이라는 사실은 우리말 성경에 "일꾼"으로 번역된 본문의 헬라어 "디아코논(디아코노스)"이 특수한 사역자를 지칭하는 남성형·여성형 명사로 자주 사용되는 점에서도 확인된다.(최갑종, 2011:345-374) 실제로 1세기 말엽에 이그나티우스 감독은 그의 필라델피아 서신에서 이 말을 교회의 '대표자'를 가리키는 데 사용하고 있다

(10:1, 11:1). 따라서 뵈뵈를 동일한 명칭이 붙여진 남성 사역자들과 구별하여야 할 언어학적, 신학적 이유가 전혀 없다. 이 점을 감안한다면 뵈뵈를 겐그레아교회의 대표자나 목회자로 간주해도 결코 무리는 아니다.(돈 윌리엄즈, 50-52; E. E. Ellis, 65) 더구나 고대 사회에서 편지의 전달자가 때때로 편지의 수신자들에게 발신자를 대신하여 편지 내용까지 설명해 주어야 하는 책임을 지고 있었다고 한다면, 바울이 자신의 가장 중요한 편지 중의 하나인 로마서를 보낼 때 뵈뵈를 자신이 한 번도 방문한 적이 없는 로마교회에 편지를 전달하는 책임자로 선정하였다고 하는 것은, 뵈뵈가 로마서를 잘 이해하고 설명할 수 있는 신학적 목회적 훈련을 받았거나 아니면 바울의 스페인 선교를 준비하는 특별한 사명을 맡겼을 것이라는 사실을 부인할 수 없게 한다.(C. F. Whelan, 153)

2) 브리스가

바울은 로마서 16:3-5에서 브리스가와 그녀의 남편 아굴라를 "나의 동역자"라고 부르고 있다(행 16:1-3 참조). 바울은 의도적으로 브리스가를 그녀의 남편보다 먼저 말하고 있다. 이것은 브리스가가 자기 남편인 아굴라보다도 더 적극적인 혹은 더 중요한 사역을 하였음을 암시한다.(C. E. B. Cranfield, 784) 바울이 브리스가를 "나의 동역자"라고 부르고 있는데, 그가 교회를 목회하고 있는 디모데(롬 16:20)와, 디도(고후 8:23)에게 동일한 호칭을 사용하고 있다는 사실은 브리스가가 사실상 바울과 함께 전도, 가르침, 설교, 예언 등의 복음 사역자로 일하였음을 알려 주는 것이다. 바울이 브리스가와 아굴라가 그들의 가정에 교회를 설립하였다고 하는 점은(롬 16:5; 고전 16:19) 사실상 브리스가가 목회사역을 하였다는 점을 시사한다.(B. Blue, 172–189) 그리고 누가가 사도행전 18:26에서 브리스가와 아굴라가 아볼로를 데려와 하나님의 말씀을 더 자세히 가르쳤다고 하는 사실도 브리스가가 복음전파 및 목회사역을 하였다는 사실을 뒷받침해 준다.

3) 사도 유니아

바울은 로마서 16:7에서 "내 친척이요 나와 함께 갇혔던 안드로니고와 유니아에게 문안하라. 저희는 사도에게 유명히 여김을 받고 또한 나보다 먼저 그리스도 안에 있는 자"라고 말하면서 자신의 친척인 안드로니고와 유니아를 언급하고 있다. 대부분의 학자들은 이 두 사람이 부부라는 점에 동의한다.(C. E. B. Cranfield, 1983:788) 그런데 우리의 관심을 끄는 것은 이들 부부가 다같이 "사도"로 호칭되고 있다는 점이다. 우리말 개역성경은 "저희는 사도에게 존중히 여김을 받고 또한 나보다 먼저 그리스도 안에 있는 자"라고 번역함으로써, 마치 이들 부부가 사도가 아닌 것처럼 말하고 있으나, 헬라어 본문은 분명히 이들이 사도들 중에 탁월한 자들(헬, 에피세모이 엔 토이스 아포스톨로이스[사도])이었음을 말하고 있다. KJV, NIV, NRSV, NASB 등 여러 영어 성경도 'apostles'(사도들)로 번역하여 이 점을 뒷받침하고 있다. 우리가 이들 부부를 '사도'로 보아야 한다는 점은 바울이 바로 이어 이들이 자신보다 먼저 예수를 믿었던 자들이었다고 말하고 있는 사실에서 더 분명해진다.(G. Bilezekian, 263) 아마도 그들은 12사도 반열에 속한 자들이 아니고, 넓은 의미에서 '사도급' 인물이었을 것이다.(R. R. Schulz, 108-110) 그들은 본래 사도들처럼 많은 교회를 순회하며 복음을 전함으로써 그 이름이 널리 알려졌을 것이다.(박윤선, 405) 우리가 바울의 회심 연대를 주후 32-34년 경으로 잡을 수 있다면, 아마도 이들은 이미 예수 생전에 예수를 따랐던 이들이며, 오순절의 성령강림에 참여한 120 명의 성도 중에 포함되었거나, 부활하신 예수를 목격한 500여 성도 중에 포함되었을 가능성도 높다. 물론 여기서 바울이 말한 사도라는 말이 '열두 사도'보다 포괄적인 의미로 사용되고 있다고 하는 점은 부인할 수 없다(행 14:4, 14; 고전 12:28; 엡 4:11; 살전 2:7). 그렇다고 하더라도 이 '사도'라는 호칭이 일반 신자들에게 아무렇게나 붙여질 수 있는 것은 결코 아니다. 적어도 부활하신 예수님을 목격하고 복음전파 사역에 동참하는 전문적인 사역자를 가리키고 있다고 보아야 할 것이다.(J. Calvin, 322) 여성인 유니아가 평신도가 아닌 '사도'라는 특별한 직책을 가진 자로 불려지고 있다는 사실은(고전 12:28-30 참조) 비록 이 구절이 여성의 안수에 대한 직접적인 언급은 없다고 하더라도, 초대교회 안에 이미 복음을 전파하고 가르치는 일을 한 '사도급의 여성 사역자'가 있었음을 웅변적으로 보여주고 있다고 할 수 있다. 우리가 바울 당대 헬라-로마 사회에서 남성이 여성을 접촉하기가 힘들었던 사회적 정황을 고려해 볼 때, 부부 선교사는 때때로 불가피하였을 것이다. 최갑종 교수는 여성 안수 관련하여 쟁점이 되는 성경 구절들을 주해하고 분석한 결과, 여성의 성직 안수를 반대하는 이들의 성경 해석이 여성의 성직 안수를 지지하는 이들의 성경 해석보다 설득력이 훨씬 떨어진다고 결론 내리고 있다. 여성들이 교회에서 말하지 않고 잠잠하면서 기도와 예언을 할 수는 없으며, 바울과 함께 복음의 동역자가 되거나 교회 지도자가 될 수도 없다고 보기 때문이다.(최갑종, 2011:345-374) 최갑종 교수의 말을 조금 더 들어보자.

> 따라서 우리는 고린도전서 11:2-15, 고린도전서 14:34-35, 디모데전서 2:8-15의 본문들을 여성 안수 금지를 위한 규범적인 본문으로 활용할 것이 아니라, 고린도교회와 에베소교회의 여성도들 가운데 복음의 자유를 남용하거나 곡해하여 남자와 여자의 구분, 남편과 아내의 질서까지 부정하여 가정과 교회를 혼란스럽게 함은 물론, 선교의 문까지 닫게 할 위험을 초래하고 있는 자들에게 준 바울의 '특별한 교훈'으로 보아야 한다. (중략) 어떤 성경 구절을 문화-사회학적으로 혹은 역사-문학적으로 접근하여 해석하고 적용하는 것을 '성경의 권위와 영감'에 도전하는 것으로 오해하는 것(자유주의 신학에 물든 사람으로 몰아가는 것_글쓴이 주)은, 마치 예수의 인성에 관한 올바른 이해가 없이도 예수의 메시아적 인격과 사역을 얼마든지 올바르게 이해할 수 있다고 착각하는 것과 같다. 그러므로 성경에 대한 역사-문화적, 문화-사회학적 접근 없이는 성경의 메시지를 올바르게 해석할 수 없다.(김세윤, 2004:190; G. D. Fee, 2005b:364-381) (중략) 바울신학을 묶는 어떤 일관성과 통일성을 가진 중심 사상이 있다는 사실을 확인한 바 있다. 그것은 "창조", "타락", "구속", "재창조"로 이어지는 하나님의 구속사에 입각한 종말론과, 이 종말론의 내용을 형성하고 있는 그의 기독론과 성령론이라는 점이다. 바울은 인간과 세계역사의 모든 문제를 이러한 관점에서

보고 있다. 교회 안에서의 여성 역할 문제도 결코 예외가 아니다. 바울은 남녀관계를 포함하여 인간 사회의 모든 문제들이 아담의 범죄로 타락하였고, 죄로 오염되었으며, 그러나 예수 그리스도의 십자가와 부활을 통하여 구속(救贖)되었으며, 이제 그리스도와 그의 보내신 성령 안에서 새롭게 회복되는 새 창조 사역이 이루어지고 있다는 사실을 확신하고 있다(고후 5:17; 갈 6:15). (중략) 이와같은 바울의 가르침은 신약교회 안에서 여성의 역할 문제를 첫 창조나 구약 시대의 관점에서만 보아서는 아니 된다는 사실을 시사한다. 오히려 적극적으로 여성의 역할 문제를 그리스도와 성령 안에서 이루어지고 있는 '새 창조의 관점에서' 보아야 할 것을 가르쳐 준다. 사실상 바울은 그의 목회와 선교사역에 있어서 그가 살고 있던 헬라와 로마와 유대의 가부장적이고 남성 위주의 문화를 뛰어넘어 적지 않은 여성 사역자들을 동참시킴으로써 그리스도와 성령 안에서 이루어지고 있는 새 창조를 이미 부분적으로 적용하고 실천하였던 것이다.(최갑종, 2011:345-374)

12. 보수신학자들의 기우(杞憂):
"동성애까지 허용할까 무섭네"

1) 보수신학자들의 기우(杞憂)

"디모데전서 2:11-15이 에베소교회의 '상황'과 관련된 것일 뿐 '초-역사적이고 항구적인 원리'를 말하는 것이 아니라면, 그리고 성경을 그런 식으로 '상황'에 따라 다르게 읽기 시작한다면,

시대와 상황의 변화에 따라 나중에는 '동성애'도 성경적이라고 인정하게 되는 것 아닌가"라는 보수신학적인 우려(憂慮)가 틀림없이 생길 수 있다. 이쯤에서, 앞에서 말한 논리를 근거로 요즘 교회 안팎에서 아주 뜨거운 화두(話頭)인 '동성애'에 대한 우려에 대해 예상할 수 있는 반론을 미리 정리해 두는 것도 그다지 나쁘지는 않을 것 같다. 디모데전서 2:11-15 말씀을 근거로 여성 안수를 반대하는 "전통적인" 견해를 기어코 유지하려는 사람들은, 교회에서 여성에 대한 창조적 근거가 있는 금지사항들이 모든 상황에 반드시 적용되는 것은 아니라고 주장하는, 말하자면 지(支)교회의 특수한 '상황적인' 이유로 여성 안수를 찬성해야 한다고 주장하는 논리가, 동성애 행위 또한 어느 순간 창조론에 기대면서 모든 상황에서 동성애도 마찬가지로 반드시 금지되어야 하는 것은 아니라는 식의 주장을 함으로써, 마침내 동성애를 찬성하거나 용납하는 방향으로 나갈 수도 있지 않을까 우려할 수 있다.(J. J. Davis, 17) 한마디로, '여성 안수 찬성'이 필연적으로 '동성애 정당화'로 이어지지나 않을까 염려하는 것이다. 오늘날 모든 신자에게 그런 우려는 매우 진지한 것이며 그러기에 신중하게 답변할 가치가 있다. 일부 현대 미국 주류 교회의 경향을 보면 그러한 우려가 전혀 근거 없는 것만은 아닌 것 같기 때문이다.

2) 그러나 전혀 염려할 필요 없다

이러한 우려에 대해 이렇게 대답하는 것이 좋겠다.

"구속 역사의 모든 과정과 성경 전체에서 '동성애' 관행에 대한 성경적 거부에는 획일성(일관성)이 있지만, 구약과 신약 공동체의 여성들에 의해 수행된 공적 지도자 역할의 유형에는 다양성이 있음을 이해한다면 동성애 문제는 사실 그다지 염려할 필요가 없다."

동성애 행위의 경우, 신약과 구약 성경 전체에 걸쳐 매우 일관된 입장이 있기 때문이다.(W. J. Webb, 135-184) 동성애에 대한 성경적 평가, 그것을 명확하게 '죄'로 보는 성경적 견해는 일관된 관점을 유지하고 있다.(R. A. J. Gagnon, 2001) 동성애 관련 성경에는 역사적 또는 문화적 맥락이 전혀 언급되어 있지 않다. 동성애 금지의 기초가 되는 남성과 여성의 창조적인 구분(창 1:27)은 모든 문화적 맥락에서 '동일한' 의미, 곧 초-문화적 적용성, 영원한 적용력이 있다. 따라서 여성 안수 허용과 동성애 용납을 성경 해석상 같은 맥락에서 보는 것은 그저 기우(杞憂)에 지나지 않거나 기껏해야 이를 핑계로 여성 안수를 반대하려는 궁색한 변명에 지나지 않는다.

그러나 여성 지도자의 역할에는 정경(성경) 안에 상당한 다양성이 있다. 디모데전서 2장에서는 여성의 역할을 제한하고 있는데, 이는 여성이 거짓 교사들에 의해 그릇 인도되는 에베소교회의 지역적 문제에 비추어 볼 때, 그리고 진리 안의 자유를 여성 교인들이 오해하여 남성에게 독재자처럼 횡포하게 구는 방식으로 가르치는 것 때문에 부득이 그렇게 가르칠 수밖에 없었던 것이다. 참고로 창조 순서가 우열을 가리키는 것이 아니라는 점

(앞에서 아담과 하와의 생일이 같다고 말했다)은 로마서 3:1-2과 9:4-5, 11:18(접붙임 교리)에서, 구속사의 흐름에서 하나님께서 장자(長子) 인 이스라엘보다 이방인을 앞세우는 점에서도 확인할 수 있다. 로마서 3:28-30, 갈라디아서 3:28에서도 예수 그리스도를 믿는 믿음을 통해 유대인이나 이방인이 남녀 불문하고 다 영적으로 동등하다는 것을 분명히 논증하고 있다.(J. J. Davis, 17; 최갑종, 2016:485-488) 그러므로 "아담이 먼저"라는 디모데전서 2:13 말씀은 어쩌면 에베소교회 공동체 안에서 여자들이 남성을 존중하지 않고 행동한 탓에 그녀들의 행동이 비난을 받았던 지(支)교회의 특수—상황에서 주어진 '임시 지침'이었음이 분명하다.

성경 여러 곳에 등장하는, 여성 사사 드보라(삿 4장), 여성 선지자 훌다(왕하 22장), 모세의 누이 미리암(출 15:20-21), 여성인 브리스길라(행 18:26), 예언자였던 빌립의 네 딸(행 21:9)과 여성도인 뵈뵈(롬 16:1)는 성경 역사의 여러 시기에 하나님께서 여성 사역자들을 불러 쓰신 방법을 명확하게 일깨워 준다. 성경 66권에는 이 여성들의 활동이 부정적으로 보였다는 아무런 암시(단서)가 없다. 여성의 권위 있는 리더십이 때로는 금지되고(딤전 2장), 때로는 허용된다는 사실(드보라, 삿 4장)의 이러한 '다양성'은, 여성 안수 반대 원리가 지역적 문제들과 관계없이 적용되어야 한다고 여성 안수 반대론자들이 주장하는 그 원리가 "초문화적, 창조적인" 규범이 아니라 오히려 여러 '상황적' 요인이 작용한 결과라는 것을 여태 껏 분명히 확인하며 증명했다. 그러므로 다시 강조하건대, 여성 안수를 허용하는 것이 자칫 동성애를 용납하는 방향으로 흐를 수도 있다는 신학적인 우려는 그저 부질없는 기우(杞憂)에 지나지 않는다.

13. 성경 이야기의 궁극적인 지향점

바울은 예수님의 복음, 그것이 궁극적으로 지향하는 방향에 따라 남성, 여성뿐 아니라 사회 경제적 차별, 무엇보다 유대인과 이방인 사이의 종교적·문화적 장벽을 넘어서기 위해 최선을 다했다. 앞서 말했듯이 ① 부활의 첫 증인으로 여성들이 선택되었다. ② 여성들도 남성과 똑같이 하나님의 형상으로서의 존엄성이 회복된 존재로 참여하게 되었다. ③ 유대인과 이방인의 장벽도 무너졌다. ④ 자유인과 종의 장벽도 예수님이 종으로 섬기러 오셔서 제자들의 발을 씻어주심으로 무너지기 시작했기 때문이다.(박영호, 2021:162-164)

1) 에덴에서 새 하늘 새 땅까지

아담과 하와의 타락이 없었다면 창세기 1-2장은 요한계시록 21-22장으로 곧바로 이어졌을 것이다. 어쩌면 '성경 자체'가 아예 필요 없었을지도 모르겠다. 아무튼 아담과 하와의 불순종 때문에 죄로 죽은 우리 인류에게 부득이 성경 66권이 주어지게 되었다. 성경 전체 1,189장(章) 가운데 창세기 1-2장과 요한계시록 21-22장, 이 네 개 장을 뺀 나머지 1,185장이 타락과 구원 이야기다(이광우, 2021:976-977). 요약하면 창세기 1-2장(에덴동산)이 출발점이라면 요한계시록 21-22장(새 하늘과 새 땅)은 목적지이다.

이 네 개 장 사이에 끼인 나머지 1,185장은 인간의 타락과 예수 그리스도를 통한 대속(代贖) 사역을 집중적으로 다루면서 성도들의 '그 나라'를 향한 광야(지상)의 고난 가득한 행진의 역사를 다양한 방식으로 줄기차게 이야기한다.

성경 맨 처음과 끝의 네 개 장을 직접 연결해 놓고 보면 하나님이 계획하셨던 '하나님 나라'라는 우주적인 그림, 그리고 '그 나라'의 방향이 훨씬 더 선명하게 다가온다. 요한계시록의 결말 부분인 21-22장을 볼 때 성경의 모든 이야기는 '행복한 결말'(이광우, 2021:32)임을 알 수 있다. 이 행복한 결말 안에 오늘의 주제인 이른바 '여성 차별', '여성 인권 유린'이 과연 그 낱말이라도 존재할 수 있을까? 아니, '여성 차별'은 그만두고 이른바 '남녀 구별'이라는 것이 과연 있기는 할까? 마태복음 22:23-33에 기록된 사두개인들과의 부활 논쟁에서 예수님께서 하셨던 말씀(특히 29-30절, "너희가 성경도 하나님의 능력도 알지 못하는 고로 오해하였도다 부활 때에는 장가도 아니 가고 시집도 아니가고 하늘에 있는 천사들과 같으리라")을 기반으로, 요한계시록에 '남자' '여자'라는 낱말이 어디에 몇 번이나 나오며, 혹시 나온다면 그 낱말들이 요한계시록 문맥에서 무엇을 의미(상징)하는지 한 번이라도 진지하게 생각해 보았는가. 지금과 같은 남자 여자의 성(性)을 구별하는 의미에서의 '남자' '여자'라는 낱말이 요한계시록에 단 한 번도 나오지 않는다는 엄연한 사실이 오늘 우리에게 무엇을 말하고 있다고 생각하는가. 따라서 창세기 1-2장과 요한계시록 21-22장을 나란히 놓고 자세히 읽어 보면, 인간의 타락과 구원을 다루는 1,185장 속을 살아가는 오늘 우리가 궁극적으로 지향해야만 하는 방향이 어느 쪽인지(교회 내 여성 차별이 맞는지, 여성 차별이 틀렸는지)를 아주 선명하게 알 수 있을 것이다. 적어도 양심에 화인(火印) 맞지 않은 사람이라면 창세기 1–2장의 에덴 이야기와 요한계시록 마지막 두 장의 이야기가 그 본질에 있어서 전혀 차이가 없다는 점, 그중에서도 요한계시록의 마지막 두 장이 우리가 궁극적으로 지향할 흔들릴 수 없는 영원한 신학적 지향점임을 쉽게 부인하지는 못할 것이다.

> 여성에 관한 바울의 "이미"(새 창조 세계)와 관련된 교훈과 "아직"(옛 창조 세계)과 관련된 교훈이 서로 상치될 때 오늘 우리 교회는 어떤 교훈을 우선시하여야 하는가?(최갑종, 2011:345-374) (중략) 그러나 우리가 분명히 짚고 넘어가야 할 사실은 "아직"에 대한 교훈을 "이미"의 빛 아래서 이해하고 적용하도록 해야지, 그 반대가 되어서는 아니 된다는 것이다. 다시 말하자면, 고린도전서 12장, 14장, 디모데전서 2장에 나타나 있는 여성의 역할과 위치에 관한 부정적 교훈은 갈라디아서 3:28, 고린도후서 5:17, 고린도전서 12:13의 긍정적 본문에 비추어 해석되어야지, 그 반대가 되어서는 아니 된다. 옛 창조가 새 창조의 빛 아래서, 특수적 교훈이 보편적 교훈 아래서, 과거가 미래의 빛 아래서 해석되어야지 그 반대가 되어서는 아니 된다는 것이다. 왜냐하면, 오른편으로 돌아가는 시계가 왼편으로 돌아갈 수 없는 것처럼, 옛 창조는 새 창조를 향해, "이미"는 "아직"을 향해 가고 있지 그 반대로 갈 수 없기 때문이다. 주후 1세기의 헬라-로마-유대의 남존여비와 가부장적 사회구조 안에서도 초기 기

독교가 여성의 문제에 관하여 혁명적이라고 말할 수 있을 만큼 "이미" 앞서 나갔다고 한다면, "이미" 남녀평등과 여성의 인권이 보장된 현대사회에서 기독교가 일반사회보다 "아직" 뒤떨어져 가고 있다는 것은 어불성설(語不成說)인 것이다.(최갑종. 2011:345-374)

2) 새 하늘 새 땅의 본질에 역행하지 말자

여성 안수를 하고 안 하고를 떠나서, 이 주제에 대해 찬성 혹은 반대를 떠나서, 인류 특히 예수 그리스도 안에서 대속 받은 천국 백성들이 지향해야 할 영원한 목적지, 그것이 육신의 삶을 사는 이 땅에서건, 하나님 앞에서 영생을 누리는 새 하늘 새 땅에서의 삶이건, 그 목적지(본향)가 '단 한 곳'뿐이고 그 한 곳을 향하여 흔들림 없이 나아가야 하는 것이라면, 과거 조선 시대처럼 여성을 차별하는 방향으로 끝끝내 계속 가는 것이 맞는지, 아니면 회개하는 마음으로 그 모든 차별을 신속히 극복하고 영원한 나라의 영원한 본질을 향해 즉시 방향을 되돌리는 것이 맞는지를 다시 생각해 봐야 하지 않겠는가.

내가 공수특전단에서 장교로 근무할 때 해마다 한두 번씩 '천리 행군'(40 kg이 넘는 완전군장을 짊어지고 총 400 km의 태백산 산길을 야간에만 행군하여 6일 만에 주파해야 하는 혹독한 '도피 및 탈출' 훈련. 하룻밤 평균 60-70 km의 한겨울 눈 쌓인 산길을 완전군장으로 주파하여 목표지점에 도착하면 날이 새기 전에 꽁꽁 언 산에 땅굴[비트]을 파고 들어가 주간에는 숨어 있어야 하는 특전사의 대대 단위 게릴라 훈련. 좀 과장해서 말하면 천리 행군을 한 번 하고 나면 그 튼튼한 군화가 너덜너덜해질 정도로 극한의 고달픈 훈련)을 했다. 지도와 나침반만 가지고 한밤중에 눈이 무릎까지 쌓인 태백 산령(山嶺)을 넘나들어야 했다. 만약에 팀장인 장교가 독도법을 잘못하여 행군 방향을 잘못 잡았다가 뒤늦게 행군 방향을 수정해 '역(逆)행군'을 해야 할 때, 가뜩이나 지친 몸에 밀려오는 그 극한의 고통과 정신적 괴로움은 차마 말로 다할 수 없는 것이다. 행군 방향을 잘못 잡았다가 그 한겨울 숨 가쁜 태백산 속 눈길에서 부득이 '역행군'을 해야 할 때, 몹시도 피곤하고 지친 몸으로 뒤따라오는 중사들(부사관들)이 금방이라도 팀을 이끄는 장교(팀장)의 뒤통수에 총알을 박아 버릴 것 같은 위기감을 느낄 때도 있었다고 고백하는 동료 장교들이 더러 있었다. 하지만 아무리 힘들어도 그까짓 천리 행군이야 어쩌다 '역행군' 한 번 하더라도, 부하들에게 걸쭉하게 욕 좀 얻어먹고, 대대장에게 군화발로 정강이 한번 까이면 끝나는 일이지만, 예수님이 거침없이 저주했던 바리새인들처럼, 왜곡된 신학적 확신으로 "천국 문에 걸터앉아 자신도 들어가지 않고 들어가려는 이들도 거기 못 들어가게 막는 상황"(마 23:13)이 된다면, 양무리를 섬기는 목사·장로들에게 주님으로부터 어떤 저주(화)가 쏟아질지 더 늦기 전에 진지하게 생각해 보아야 할 것이다.

내가 사랑하고 존경하는 예장합동 교단의 지도자인 장로·목사들께 간곡히 당부드린다. 우리 하나님 아버지의 저주를 자초(自招)하는 신학적 '역행군'은 이제 그만하고, 많이 늦었지만 이제라도 우리 신앙의 최종 목적지인 '그 나라'를 향해 교단 신학의 방향을 최대한 빨리 바르게 고쳐 잡아 주시라. 개혁신학의 본질에 우리의 발걸음을 맞추는 그것만이 하나님 앞에서 우리가 영원히 살 수 있는 유일한 길이기 때문이다. '새 하늘 새 땅'의 영광스런 모습을 아주 맑은 영의 눈으로 바라보았던 선지자 이사야 선배님의 다음 이야기에 귀를 기울여 보시라.

> **(이사야 11:6-9)** 그때에 이리가 어린 양과 함께 살며 표범이 어린 염소와 함께 누우며 송아지와 어린 사자와 살진 짐승이 함께 있어 어린아이에게 끌리며 암소와 곰이 함께 먹으며 그것들의 새끼가 함께 엎드리며 사자가 소처럼 풀을 먹을 것이며 젖 먹는 아이가 독사의 구멍에서 장난하며 젖 뗀 어린아이가 독사의 굴에 손을 넣을 것이라 내 거룩한 산 모든 곳에서 해 됨도 없고 [여성 차별과 인권 유린도 없고_글쓴이 삽입] 상함도 없을 것이니 이는 물이 바다를 덮음 같이 여호와를 아는 지식이 세상에 충만할 것임이니라

만물의 하나됨, 만물이 한데 어울리는 참된 평화와 안식을 내다보았던 이사야 선지자의 꿈이 완벽하게 영원토록 이루어지는 나라가 '새 하늘 새 땅'이고 우리의 영원한 소망이자 영원한 본향(本鄕)이 바로 그런 나라라면, 영광스럽게도 피조물 가운데 유일하게 '하나님의 형상'대로 지음받은 남자와 여자가 피차 사랑하고 존중하며 서로 돕고 서로 기대며 사는 것은 인간을 넘어 모든 피조 세계가 아름답고 평화롭게 유지되는 '개혁주의적 창조 질서 보전'의 기본 원리가 아니겠는가.

3) 여성 인권 존중:
하나님이 불러 쓰시는 여종들이 헌신할 기회를 뺏지 마라

성경 66권이, 압도적인 가부장 사회에서 파격적인 평등과 해방을 지향하는 문서였다는 사실은 분명하다.(박영호, 2021:153) 그런 점에서 어느 신실한 남종(목사)의 충성스런 고백을 잠시 소개하고자 한다.

> "여성 안수에 관련된 일부 성경 구절을 맥락에 대한 이해 없이 문자적으로 가져다 쓰는 바람에 그동안 보수 교단은 수많은 여성의 아름다운 헌신을 가로막고 있었다. 몇몇 성경 구절을 단편적으로 문자적으로 해석하면서 만들어진 '전통'을 성경적이라고 단정할 수 없다. 성경 해석학이 발전됨으로 더 자세한 렌즈로 상황과 본문이 의도하는 바를 볼 수 있게 되었기 때문이다. 오직 성경의 원리대로 살자는 것이 '개혁주의'라면 아무리 오랜 '전통'이라 할지라도 잘못된 교리는 '신속하게' 다시 개혁되어야 하지 않겠는가. 그러므로 소모적인 논란의 종지부를 찍고 예수님과 하나님 나라를 생각하며 생명을 살리는 일에 우리 주님의 모든 여종 남종들이 귀히 쓰임 받도록 예장합동 교단은 속히 여성 안수의 문을 열어야 한다."

아래 적힌 '주기도문'의 한 대목(마 6:10)을 그저 입술로만 건성으로 중얼거릴 뿐, 우리들의 어머니, 아내, 딸을 포함해서, 똑같은 하나님의 형상이자 남자들의 소중한 '반쪽'인 여성을 이토록 차별하고 그들의 인권을 무참히 짓밟으며, 이 급박한 추수 때,

일꾼이 한없이 부족한 이때에(마 9:37-38) 하나님께서 여종들에게 주신 은사와 재능을 복음 사역 현장에서 발휘하지 못하게 남성인 목사 장로들이 앞장서서 가로막는 것이 명색이 '개혁주의' 신학을 추구하는 신앙인이자 교회 지도자들로서 그 고백과 행위가 정말 앞뒤가 맞다고 생각하는 것인가.

　사랑하는 예장합동 교단의 목사 장로들이여, "여자들은 교회에서 잠잠해야 한다"고 정말로 확신한다면, 사실상 오늘 교회 안에서 여성이 가르치고 말하는 '모든 행위'는 즉시 중지되어야만 한다. 여성 찬양대원, 여성 주일학교 교사, 여전도사들을 일체 세우지 않아야 할 것이며 신학교는 여성 신학도를 입학시키지 않아야 함은 물론, 목사 후보생을 가르쳐야 하는 여성 신학 교수를 세워서도 안 된다. 여성들은 교회에 올 때 반드시 머리에 수건을 써서 자신의 얼굴을 노출 시키지 않도록 가르쳐야 하며, 교회 안에서 여성도들은 어떤 경우에서든 말하지 말고 잠잠하도록 가르쳐야 한다.(최갑종, 2011:345-374) 아울러 가정은 축소된 교회이므로, 기독교인 가정에서는 여자인 어머니가 자녀들을 가르치는 일도 일체 금지해야만 한다. 정말 그렇게 할 자신이 있는가? 만에 하나 그럴 자신이 없고, 여러분들이 섬기는 교회에 지금 여성 교인이 단 한 명이라도 있다면, 교회학교 학생들에게 설교하는 여성 전도사가 한 분이라도 있다면, 여성 집사들에게 구역성경 공과를 한 번이라도 맡긴 적이 있다면, 공예배 시간에 여성 교인에게 기도나 성경 봉독을 한 번이라도 맡긴 적이 있다면, 그리고 여러분들의 존경하는 어머니와 사랑하는 아내와 눈에 넣어도 아깝지 않게 예쁜 딸이 있다면, 여성 사역자들을 포함해서 이 땅의 여성들을 한없이 차별하고 그 귀한 하나님의 형상들, 반쪽인 남자들의 귀한 반쪽인 여성들의 소중한 인권을 사정없이 짓밟고, 하나님께서 그녀들에게 주신 귀한 은사와 재능을 하나님 나라를 위해 쓰지 못하게 악착같이 막는 이 무서운 '죄'를 더는 지으면 안 된다.

여성 안수를 끝끝내 반대하는 이들은, 하나님께서 출애굽 직전 이스라엘 백성의 울부짖음을 생생히 들으셨던 것처럼, 오늘 여종들의 눈물 어린 탄식을 여전히 귀 기울여 들으신다는 것을 명심하시라. 남자 목사·남자 장로들이여, 하나님께서 그 백성을 압제하는 애굽을 사정없이 치셨듯이, 주님의 여종들을 마구 차별하는 우리 교단 남자 지도자들을 향해 한없이 진노하시는 하나님, 그분의 도끼날 같은 심판의 손길이 정녕 두렵지 않은 것인가. 선지자 이사야의 꿈이 곧 우리 하나님 아버지의 꿈이고, 이 땅에서 본향을 향해 광야 길을 행진하는 천국 백성들의 한결같고 영원한 소망임을 부디 잊지 마시라. 주후 100년경 문서인 '디다케'에서도 예배 때마다 '주기도문'으로 기도할 것을 명하고 있다.(박영호, 2021:214) 이 가르침을 물려받아 남자든 여자든 우리 모두는 "하늘에서 이룬 것같이 땅에서도 이루어지기를" 날마다 예배시간마다 우리 하나님께 내내 기도해 왔고, 앞으로도 그렇게 기도하며 충성스럽게 살아가겠노라 주님 앞에 다짐 또 다짐하는 천국 백성, 천국 시민권자들이 아닌가.

나라(요한계시록 4장, 21-22장)가 임하옵시며

뜻이 하늘(새 하늘 새 땅)에서 이룬 것같이

땅(교회와 세상)에서도 이루어지이다(마 6:10)

자꾸만 쇠퇴해 가는 한국 교회의 부흥과 성장을 진정 원한다면, 여성을 차별하는 교회 지도자들의 '꼰대적 생각'에 질려 교회에 등을 돌린 청년들이 되돌아오게 하려면, 더는 지체하지 말고 하나님의 존귀한 형상인 여자와 남자가 자신의 잠재력을 유감없이 발휘하는 사회로 가는 길을 교회가 앞장서서 제시할 수 있어야(박영호, 2021:164) 한다. 그것이 바로 '세상의 빛'으로서 하나님께서 오늘의 교회에게 맡기신 역할을 올바로 감당하는 길이다.

평안의 매는 줄로 성령이 '하나'되게 하신 것을 힘써 지키라(엡 4:3)

여호와의 자비와 긍휼이 무궁하시므로 우리가 '진멸' 되지 아니함이니이다(애 3:22)

14. 여성 인권과 관련하여 주목해야 할 성경 구절

(갈라디아서 3:28) 너희는 유대인이나 헬라인이나 종이나 자유인이나 '남자'나 '여자'나 다 그리스도 예수 안에서 '하나'이니라

(사도행전 2:16-21, 참조: 요엘 2:28-32) 이는 곧 선지자 요엘

을 통하여 말씀하신 것이니 일렀으되, 하나님이 말씀하시기를 말세에 내가 내 영을 '모든 육체'에 부어 주리니 너희의 자녀들은 예언할 것이요 너희의 젊은이들은 환상을 보고 너희의 늙은 이들은 꿈을 꾸리라 그때에 내가 내 영을 내 '남종'과 '여종들'에게 부어 주리니 그들이 예언할 것이요 (중략) '누구든지' 주의 이름을 부르는 자는 구원을 받으리라 하였느니라

(고린도전서 11:4-12) 무릇 남자로서 머리에 무엇을 쓰고 기도나 예언(설교)을 하는 자는 그 머리를 욕되게 하는 것이요 무릇 여자로서 머리에 쓴 것을 벗고 기도나 예언(설교)을 하는 자는 그 머리를 욕되게 하는 것이니 이는 머리를 민 것과 다름이 없음이라 (중략) 그러나 주 안에는 남자 없이 여자만 있지 않고 여자 없이 남자만 있지 아니하니라 이는 여자가 남자에게서 난 것 같이 남자도 여자로 말미암아 났음이라 그리고 '모든 것'은 하나님에게서 났느니라

(디모데전서 2:11-15) 여자는 일체 순종함으로 조용히 배우라 여자가 가르치는 것과 남자를 주관하는 것(아우뗀테인: 독재자처럼 지배·찬탈하다)을 허락하지 아니하노니 오직 조용할지니라 이는 아담이 먼저 지음을 받고 하와가 그 후며 아담이 속은 것이 아니고 여자가 속아 죄에 빠졌음이라 그러나 여자들이 만일 정숙함으로써 믿음과 사랑과 거룩함에 거하면 그의 해산함으로 구원을 얻으리라(이 본문의 핵심 의미에 대해서는 앞에서 충분히 설명했고, 이 본문이 '여성 안수 반대론'의 근거가 될 수 없다는 것도 확실

히 증명했다.)

(로마서 12:1) 그러므로 형제들아 내가 하나님의 모든 자비하심으로 너희(남녀 구분 없음)를 권하노니 너희(남녀 구분 없음) 몸을 하나님이 기뻐하시는 거룩한 산 제물로 드리라 이는 너희(남녀 구분 없음)가 드릴 영적 예배니라

(베드로전서 2:9) 그러나 너희(남녀 구분 없음)는 택하신 족속이요 왕 같은 제사장들이요 거룩한 나라요 그의 소유가 된 백성이니 이는 너희(남녀 구분 없음)를 어두운 데서 불러내어 그의 기이한 빛에 들어가게 하신 이의 아름다운 덕을 선포하게(남녀 구분 없음) 하려 하심이라

여러분들이 갖고 있는 성경은 어떤지 모르겠으나 내가 갖고 있는 성경에는 아무리 눈을 씻고 찾아봐도 다음과 같은 성경 구절은 없다.

(마태복음 28:19-20 참조) 그러므로 '여자들은 쏙 빼고 남자들만' 가서 모든 민족을 제자로 삼아 아버지와 아들과 성령의 이름으로 세례를 베풀고 내가 '여자들 외에 남자들에게만' 분부한 모든 것을 가르쳐 지키게 하라 볼지어다 내가 세상 끝날까지 '여자들 외에 남자들하고만' 항상 함께 있으리라

(사도행전 1:8 참조) 오직 성령이 '여자들은 뺀 남자들에게만'

임하시면 '여자 외의 남자들만' 권능을 받고 예루살렘과 온 유대와 사마리아와 땅끝까지 이르러 '오직 남자들만' 내 증인이 되리라

(2022. 8. 28.)

제 2 부

여성(목사) 안수는
비성경적인가?

(여성 안수와 관련하여 전 세계적으로 찬·반 신학자들의 논문과 책이 이미 많이 나와 있으므로 이 글에서는 꼭 필요한 내용 외에는 신학적인 진술은 가능한 한 하지 않겠습니다. 부분적으로 제1부 '개혁주의 신앙과 여성 안수'와 겹치는 내용이 일부 있으나 논의의 심도가 다르고, 원래 실었던 글의 흐름을 그대로 유지하기 위해 해당 부분을 빼지 않고 그대로 두었음을 밝혀둡니다. 겹치는 내용은 '복습한다' 생각하시고 그냥 읽으십시오. _글쓴이 주)

"암탉이 울면 집안이 망한다", "삼종지도(三從之道)", "칠거지악(七去之惡)"이라는 말로 여성을 사람 취급도 하지 않고, 그래서 딸자식에게는 이름 석 자도 붙여주지 않던 나라, 유교의 가부장제(家父長制)에 찌들어 너무 오랜 세월 여권(女權)을 무참히 짓밟던 우리나라였다. 내 어릴 적 바로 윗집에 살았던 어떤 누나는 그 이름이 소리만으로도 몹시 웃기는 '딸털이'였다. 딸이 많은 집이었는데 고추 달린 자식을 골똘히 바라느라 '딸을 그만 털어버리자'는 뜻에서 그 아버지가 딸자식 이름을 그토록 천하게 붙였던 것이다. 내 또래 철부지 동네 아이들은 종종 '딸털이'라는 그 누나 이름을 조롱하듯 부르며 마냥 귀찮게 놀려먹곤 하였다. 그런데 우리 주 예수 그리스도의 복음이 들어오면서 이 땅의 여성들이 그 잔혹한 여성 차별에서 해방되었다. 하여, 지금은 여성 중장비기사, 여성 총리, 여성 격투기선수, 여성 택시기사, 여성 교수, 여성 판·검·변호사, 여성 장교, 여성 대통령, 여성 타워크레인기사, 여성 연구원, 여성 공무원, 여성 국회의원 등등 사회 각계 각처에서 여성들이 열심히 사역하고 있다.

내 생애에 우리나라 선수가 세계 피겨스케이팅 경연에서 1등을 하는 모습을 볼 수 있으리라, 세계 빙속선수권대회에서 내리 우승하는 모습을 보리라 상상도 못하였는데 불과 수십 년이 지난 지금 김연아·이상화 같은 자랑스런 여자선수들을 보게 되었으니 참 감개무량하기 그지없다. 요즘은 여성 전투기 조종사도 많고, 내가 장교로 군 복무했던 공수특전단에도 여성 특전요원들이 많다. 몇 달 전, 세계 스카이다이빙 선수권대회에서 우리 특전사 여성 4인조가 감격스럽게도 준우승팀보다 압도적인 점수 차로 어엿이 우승을 차지했다. 내 기억에, 남성 특전요원들은 세계대회 상위권에서 맴돌 뿐 아직까지 우승한 적이 없다. 이 여성 특전요원들은 개인 낙하 횟수가 모두 다 1,000회를 훨씬 웃도는 베테랑들이며 그중에는 자녀를 둔 주부 여군도 있다. 특전사뿐 아니라 다른 특수부대에도 여군들이 꽤 많다. 여자 경찰, 여자 소방대원들도 많은 세상이 아닌가. 이제 지구촌 거의 모든 나라 모든 영역에서 여성이 진출하지 못하는 영역은 없고 이것은 이제 현대사회의 상식이 되었다. 요즘 웬만한 직장에서는 남자 직원에게도 '육아 휴가'를 줄 만큼 남녀의 역할 구별이 사실상 희미해진 시대가 되었다.

이 땅에 복음이 들어오며 억압의 굴레에서 해방되어서 그런지, 한국 교회 안에는 유독 여성 교인들이 많다.(박영호, 2021:152) 한국 교회 여성 교인 중에 아무나 쉽게 다다를 수 없는 귀한 전문직에 종사하는 여성들도 아주 많다. 예수 그리스도의 복음 덕에 차별과 억압의 굴레에서 해방되어, 이제는 여성들도 당당히 자기 이름을 지닐 수 있게 되었고, 공부를 마음껏 할 수 있고, 자기 재능을 살려 국내외적으로 남성들도 차지하기 힘든 전문직에 보란 듯이 진출한 이들도 많아졌다. 그동안 장로교단을 포함해서 많은 국내외 교단들은 여성 목사 안수를 주지 않다가, 사회의 변화와 심도 깊은 성경 해석학적 반성(최갑종, 2011:345-374)에 발맞추어 그동안의 판단 오류를 늦게나마 시정하고 여성 목사 안수를 주고 있다.

우리나라에서 비교적 덩치가 큰 대한예수교장로회 통합(예장통합), 한국기독교장로회(기장) 등의 교단에서는 여성을 목사로, 혹은 장로로 안수하기 시작한 지 꽤 됐고 2021년에는 기장 총회장으로 여성인 김은경 목사가 세워지기도 했다. 전해 들은 소식으로는 요즘 천주교 내부에서도 여성 사제를 세우는 문제를 심각하게 고민하고 있다 한다. 그런데도, 장자교단(이런 용어도 사실은 별로 덕스럽지 않다)을 자임하는 우리 대한예수교장로회 합동(예장합동) 교단은 '개혁신학', '보수신학'을 주장하며 이 문제에 대한 교단 내 여성 사역자들의 눈물 어린 호소를 시종(始終) 무시해왔다. 여성 안수 반대를 보수주의 신학 수호의 마지막 보루로 삼고 있기에, 최근 총회 때마다 상정되는 '여성 강도권 허락'이라는 '꼼수' 비슷한 안건마저도 일고(一考)의 여지도 없이 계속 기각하고 있는 실정이다.

1. 늦깎이 신앙인의 팔불출(八不出) 티내기

1) '초짜 신앙인'이었던 어머니

나는 우리 어머니의 전도로 대학생 시절에 예수 믿게 된 사람이다. 아버지가 경주 이가(李家) 익재공 파(派) 37대 종손(宗孫)이시고, 내가 38대 종손으로 우리 집이 종가(宗家)여서 한국전쟁 후 몹시 춥고 배고프던 시절, 우리 집에서는 제사만 일 년에 무려 13회였다. 예수 믿기 전, 가난한 살림에 종가의 며느리로서 수시로 힘겹게 제사상을 챙겨야 했던 우리 어머니는 "우리 광우 각시는 제사상 챙기는 일 없게 해야겠다"는 소박한 일념으로, "알아보니 천주교인들은 제사도 지낸다더라" 하시더니 어느 날 갑자기 혼자 교회당에 다녀오셨다. 딱 한 번 교회당에 다녀오신 어머니가 큰아들인 나를 일주일 내내 들들 볶아 두 번째로 교회당에 가시는 날 기어코 나를 끌고 가셨고, 이내 한 고집하시던 아버지를 포함해서 가족 전체가 교회당을 출입하고 예수 믿게 되었다. 간단히 말하자면, 그렇게 시작된 신앙생활, 내 부모님과 우리 형제 5남매, 2대(代)가 같은 날 같은 자리에서 함께 세례를 받는 한국 교회 역사상(?) 흔치 않은 일이 벌어졌다.

얼마 전 소천하셔서 지금은 대전 현충원에 어머니와 함께 누워계시는 아버지는 생전에 장로로, 어머니는 권사로 주님을 성실히 섬기다가 은퇴하셨고, 장남인 나는 목사로, 동생들은 안수집사, 권사로 주님을 열심히 섬기고 있으며, 종가인 우리 집이 예수 믿게 되면서 일가친척 대부분이 예수 믿게 되었다. "아내된 자여, 네가 남편을 구원할는지 어찌 알수 있으며(고전 7:16)"라는 성경 말씀이 진리임을 우리 어머니께서 당신의 삶으로 확실하게 증명하신 셈이다. 우리 교단이 추구하는 개혁신학의 중요한 주제가 '만인(萬人) 제사장설'(벧전 2:9)인데, 여성이신 우리 어머니께서 우리 집안에서 '제사장' 역할을 충실히 감당함으로 집안과 가문의 복음화가 이루어졌다. 돌이켜보면 참 어설프기 그지없던 초짜 신앙인이었지만 그런 점에서 우리 어머니야말로 종교개혁자들의 확실한 후예였다고 자신 있게 말할 수 있다. 정말 놀랍지 않은가.

2) 아내와 나

약 40년 전 어느 주일 밤, 저녁 예배를 마치고 돌아오는 길에 어머니에게 등 떠밀려 거의 강제로 '맞선'을 보는 자리에 나갔다. 당시 처녀였던 아내는 "이모 댁에 잠깐 바람 쐬러 다녀오자"는 장모님의 말에 속아(?) 허름한 보라색 월남치마 바람으로 따라 나와서 졸지에 나하고 마주 앉아 '맞선'이라는 것을 보게 되었다는 것을 나중에 우리가 결혼한 후에야 알게 되었다. 아무튼지 그 맞선 본 날로부터 딱 3 주만에 우리 두 사람은 빛의 속도로 결혼하게 되었다. 그렇게 만나 40년 동안 살면서 그동안 4남매를 낳아 길렀고 하나님의 은혜로 자식들이 잘 자라 지금은 각자 세워진 자리에서 열심히 사회생활을 하고 있다. 세월 따라 손자도 셋이나 둔 우리 부부는 이제 어느덧 고희(古稀)가 코앞인 '할머니·할아버지'가 되었다.

믿지 않을 이가 많겠지만 자식들 넷을 낳아 기르며 목사 부부로 살아오는 동안 우리 부부는 지금까지 단 한 번도 싸운 적이 없다. 물론 의견이 잠시 맞지 않아 한나절쯤 서로 말없이 지낸 적은 몇 번 있지만 부부 싸움이라는 것은 아예 해본 적이 없다. 아내의 이름에 '영' 자가 있고 내 이름에 '광' 자가 들어있어서 우리 스스로 '영광 부부'라 자임하며 "하나님의 영광에 역행하는 삶은 살지 말자" 다짐했고 지금껏 그 약속을 서로 잘 지켜냈다. 우리 두 사람 사이, 사랑의 깊이를 떠나서 가정에서 누가 위이고 누가 아래냐 하는 치사한 이야기가 나온 적도 없고 그냥 물 흐르듯이 집안일을 서로 의논하며 살았다.

나는 내 아내의 지혜를 굳게 믿고 집안 대소사의 대부분을 아내에게 맡기고 무척 속 편하게 살아왔다. 아내의 지혜가 필요한 일은 전적으로 그에게 맡겼고 아내 또한 매사에 나에게 그러하였다. 개혁신학의 기조대로 '가정 같은 교회', '교회 같은 가정'을 생각하며 지나온 세월, 한마디로 아내와 내가 '한 몸' 되어 이룬 가정은 매우 '질서' 있는 공동체였다. 지금도 그렇고 우리 두 사람이 하늘로 돌아가는 날까지 앞으로도 그럴 것이다. 넉넉지 못한 형편이었지만 하나님의 은혜로 참 행복한 가정생활이었다. 그 뿌리에, 우리 주 예수님을 향한 아내와 나의 '믿음'이 있었음은 분명하다. 조금 전 내가 우리 부부 이야기에 '질서'라는 낱말을 굳이 꺼냈음을 기억하며 남은 글을 읽으시기 바란다.

2. '여성 목사 안수 불허'는 '성경적'이라 볼 수 있다

현재 우리 예장합동 교단의 신학적 기조는 이렇다. 먼저, '성경적'이라는 말이 자칫 각자의 이해관계(선입견)에 따라 고무줄처럼 이현령비현령(耳懸鈴鼻懸鈴)이 될 수 있다는 점을 분명히 지적하고 싶다. 대개 신앙인들이 자기주장을 할 때 아주 쉽게 "이것은 성경적"이라는 말을 자주 하는데 이런 표현이 위험한 것은, 성경 안에서도 전혀 상반되는 것 같은 진술(말씀)이 종종 보이기 때문이다. 더욱이 성경이 '여성 안수를 하라' 혹은 '여성 안수를 하지 마라'고 명시적으로 말하지 않기 때문에 여성 안수 문제는 '성경관'의 문제가 아니라, 결국은 '성경해석학적 문제'임을 제1장에서 이미 분명히 밝혔다.(최갑종, 2011:345-374) 따라서 각자 자신의 입맛에 맞는 성경 해석만을 무조건 '성경적'이라고 우김으로써 진리에 반(反)하는 길을 거침없이 걸으며 하나님의 거룩한 뜻에 역행할 수 있기 때문이기도 하다. 나중에 다루겠지만 이 주제와 관련하여 신약에도 그런 곳들(고전 11:4-5과 고전 14:34-35)이 있다. 이 상반되는 말씀을 각자 입맛에 맞게 인용하며 제멋대로 자기주장을 펼칠 가능성이 늘 열려 있기에 이 '성경적'이라는 말이 꽤 위험하다고 말하는 것이다.

여성에게 목사 안수를 주면 안 된다고 주장하는 이들이 줄기차게 내세우는 주요 논리가 '창조론', '돕는 배필론', '질서론(남성 머리론)', '삼위일체론'이다. 내가 보기에, 이 논리에 예수 그리스도의 '구원론'이 전혀 끼어들 자리가 없다는 것이 우선 이상하기 그지없다. 그 이유가, 사실은 남녀 차별이 극심한 고대문화 속에서도 여성의 인권을 아주 중시하던 '신명기 법'이나 '드보라'(J. J. Davis, 17–18)나 '훌다'나 '미리암'과 같은 걸출한 여성 지도자들의 활약상을 전하고 있는 구약 본문은 무시하고, 이른바 '남성우월론'에 기반하여 '가부장제'를 지지할 만한 구절만 입맛대로 찾아 굳이 인용하려 들기 때문에 그럴 것이다. "남자가 먼저 창조되었다. 여자가 먼저 범죄했다. 여자는 (남자를) 돕는 배필이다. (교회의) 질서를 위해 남자가 목사를 해야 한다. 남자가 가정의 제사장이다. 잘 봐라, 삼위 하나님 사이에도 '질서'가 있지 않으냐? 신약성경에 '여자는 교회에서 잠잠하라'는 말도 분명히 있지 않으냐?" 따위가 그 핵심이다.

남자가 먼저 창조되고 여자가 나중에 창조되었다 해서 여성이 남성보다 열등하다고 생각하는 한심한 자들이 있다. 그렇다면 남자만 하나님의 형상이고 여자는 아닌가? 그게 아니라면, 남자는 '우월한' 하나님의 형상이고 여자는 '열등하고 부족한' 하나님의 형상인가? 하나님의 형상인 남자 여자의 창조 기사가 '계급'이 아니라 '관계성'과 '상호동등성'을 강조하고 있다는 성경해석의 초보 원리조차 모르는 이들이 참 많아 답답하다. 아무튼 남성 여성의 '다양성', '연합', '상호 보완'에 관한 말씀을 악착같이 '계급(서열) 차이'로 이해하려는 완악한 자세도 참으로 심각한 고

질병이다.

창세기의 인간 창조 기록과 함께 고린도전서 15:22의 "아담 안에서 모든 사람"이라는 말씀에서도 남녀 본질의 동질성이 분명히 강조되고 있다는 사실을 아예 모른 척하는 이들도 있다. 구약성경 아가서에서도 남녀 '상호성'과 '평등성'을 구구절절 정말 아름답게 노래하고 있지 않은가? 그냥 편하게 생각하자. 남자는 흙으로, 여자는 남자의 갈빗대로 만들어졌다. 그렇다면 남자와 여자의 재료 중에 어느 소재가 더 나은 '신(新)소재'인가? 손전화기나 자동차를 보라. 먼저 나온 것과 몇 년 뒤에 나온 신제품 중에 어느 것이 성능이 더 좋은가? 나에게도 형제들이 있고 내가 장남이지만, 나보다 늦게 태어난 여동생들 중에 나보다 더 뛰어난 이들이 있는 현실은 또 어쩔 것인가?

여자는 남자를 '돕는(히. 에제르) 배필'(창 2:18)이라고 주장한다. '돕는 배필'로 번역된 히브리어를 직역하면 '마주 서서 돕는 이'이고 약간 의역하면 '가장 잘 어울리는 짝', '서로 도우며 사는 짝'이다. 제1부에서 자세히 설명했듯이 요즘 부부 사이에 흔히 주고받는 '반쪽'이라는 말이 이 말의 정확한 번역에 아주 가깝다. 남편과 아내는 하나님의 창조 질서에 따라 한 몸(창 2:24)을 이루며 살지만 '반쪽'짜리 둘이 만나서 '한 몸'이 되어 '하나님의 형상'으로 살아가는 것이다.

창세기 2:18에 있는 '돕는다'는 뜻의 '에제르'라는 히브리어가, '우리를 돕는 이'로 '하나님'을 묘사하고 있는 성구(출 18:4; 신 33:7; 삼상 7:12; 시 20:1–2)에도 종종 쓰이는데 그렇다면 피조물인 우리를 도우시는 하나님이 우리만 못하고 우리보다 서열이 뒤진다는 것인가. 만약 그런 것이 '질서'라면 그것은 도대체 무슨 '질서'라는 말인가. "남편이 가정의 제사장"이라고, 그러니 남자만 목사가 되어야 한다고 주장하는 한심한 자들도 있다. 도대체 신학을 어떻게 공부하면 그런 생각을 할 수 있을까? 분명히 말하지만 유대인들 중에서도 오직 아론 지파에 속한 남자만 제사장직을 맡을 수 있었다는 것을 신학교에서 분명히 배웠을 것이다. 종교 개혁자의 후예임을 자처하며 '만인(萬人) 제사장설'(벧전 2:9)을 주장하면서 그 '만인'에서 여성은 악착같이 배제하려는 해괴한 논리는 도대체 어떤 머리에서 나오는 것인가?

더 가관(可觀)인 것은, "삼위 하나님 사이에도 '질서'가 있지 않으냐? 성자께서 성부에게 복종(?)하지 않으셨냐?"고 강변(強辯)하는 이들도 있다는 점이다. 신성(神性)을 지니신 하나님과 죄로 부패한 본성을 지닌 피조물을 일대일로 나란히 놓고 보는 신성모독적 관점은 말할 것도 없고, 하나님의 본체이신 예수님께서 완전한 '인성(人性)'을 스스로 입으시고 우리 곁에 오셔서 '온전한 참 인간'으로서 공생애 기간에 지상(地上)에서 하늘 아버지와 긴밀히 '소통'하셨던 기록을 악착같이 남녀 차별의 근거로 삼는 것은 아주 한심한 오만과 무지의 소치이다. 삼위일체론의 핵심은, 성부께서 성자를 이 땅에 '파송'하셔서 성자로 하여금 대속(代贖) 사역을 완성하게 하셨다는 것이다. 한번 물어보자. 그렇다면 성부께서 성자를 파송하셨듯이, 피조물인 남자가 역시 피조물인 여자를 언제 어디로 어떻게 파송한 적이 있다는 말인가? 다시 말해서, 남편이 아내를 언제 어디로 어떻게 파송하였다는 것인가? 설마, 많은 교회에서 대체로 그렇듯이, 교회 행사가 있을 때마다 여성 성도들을 한복 곱게 입혀서 교회 현관에 일렬로 세워 놓고 손님들께 90도로 인사하며 생강차나 나르도록 하는 것, 강대상 청소와 주방 설거지나 실컷 시키는 것이 소위 '개혁신학과 보수신학'이 내세우는 교회 안 남녀 '질서'의 본질이라 생각하는 것인가.

내가 몸담았던 대학교를 떠나 늦깎이로 신학을 공부할 때, 총신대학교 신학대학원에 함께 입학했던 여성 동기들이 있었다. 여성 동기들 중에는 솔직히 나보다 공부를 잘한 이들도 있었고, 신대원을 졸업한 뒤에도 공부를 계속하여 박사학위를 받은 이들도 있다. 그런데, 신대원 졸업한 뒤로 나는 '강도사'를 거쳐 줄곧 '목사'로 불렸지만 내 여성 동기들은 30여 년이 지난 지금도 교회 안에 그냥 '여전도사'로 남아 있다. 일부는 여성에게 목사 안수를 주는 교단으로 교적을 옮겨 사역의 목마름을 다소 해소한 이들(총신대학교 신학대학원 여성 졸업생의 약 18%)도 있고, 그냥 해외선교사의 길로 달려가거나, 남자 목사와 결혼하여 사모로 살아가거나, 교단 내 기관에서 전문성을 살려 사역하는 이들도 몇 있지만, 많은 여성 동기들이 여전히 우리 교단 사역현장의 음지(陰地)에서 온갖 차별대우를 감내하며 눈물겹게 주님의 부르심을 받들고 있다. 우리 교단 GMS에서 파송한 해외 선교지에서는, 여성 선교사가 양육한 현지인 여성 제자들은 목사 안수를 받고 활발하게 사역하는데 정작 그들의 영적인 어머니인 우리 교단 소속 여선교사들은 손발이 묶여 성례식 집례도 못하고 마음껏 사역하지 못하는 가슴 아픈 진풍경이 벌어지기도 한다. 하여간 이런 현실 속에서 여성 목사 안수를 허락한 '예장통합'의 신학이 심각한 문제를 가지고 있는지, 아니면 여성 목사가 총회장을 했던 '기장'이 이단인지, 아니면 우리가 뭔가를 끝내 착각하고 있는 것은 아닌지, 정말 진지하게 생각을 다시 해 봐야 하지 않겠는가.

3. '여성 목사 안수'도 '성경적'이라 볼 수 있다

앞에서 이 땅에 복음이 들어오면서 여성들이 해방되었다는 말을 했다.(박영호, 152-153) 오늘날 사회 각계 각층에서 여성 지도자들이 얼마나 많이 활동하고 있는가도 말씀드렸다. 나는

> (몇 걸음 양보해서) "여성 목사 안수를 허락하지 않는 것을 성경적"으로 볼 수 있는 만큼 "여성 목사 안수를 허락하는 것 또한 성경적"으로 볼 수 있다.

는 생각을 갖고 있다. 앞서 말했듯이 '성경해석'에 따라 결론이 달라질 수 있기 때문이다. 서로 대립되는 주장을 하는 세계적인 신학자들의 성경 해석학적 논지 역시 이미 충분히 개진되었다고 보고 있다. 이것이 '성경관'의 문제가 아니라 '성경 해석'과 관련된 문제임은 제1장에서 이미 충분히 밝혔다.(최갑종, 2011:345-374) 그런 점에서 90년 전 김춘배 목사가 총회의 '여성 장로 안수' 건

기각 사실을 비판했을 때 그의 '성경관'을 문제삼아 '자유주의에 물든 목사'로 몰아가며 협박한 당시의 조사연구 위원들(앞서 이 책의 제1장에서 그 명단을 밝혀 놓았다)은 하나님 앞에 큰 '죄'를 지은 것이다. 예장합동 교단 소속 목사인 나는 성경 전체의 맥락과, 주 예수 그리스도의 복음이 궁극적으로 지향하는 방향, 하나님 나라의 통전적인 원리, 그리고 시대의 흐름에 비추어 우리 예장합동 교단에서 여성을 차별하는 행위를 속히 그쳐야 한다는 생각은 개인적으로 분명히 갖고 있다.

구약성경이 말하는 여성상은, 여성도 남자와 똑같은 하나님의 형상이라는 것, '돕는 배필'은 '반쪽'이라는 것, 그 반쪽끼리 서로 세워주고 연합하여 한 몸을 이루고 사는 것이 진정한 '인간됨'이라는 것 정도를 말하는 것으로 얼추 충분할 것 같다. 어떤 학자는 타락 이후의 말씀인 창세기 3:16, "너는 남편을 원하고(사모하고) 남편은 너를 다스릴 것이니라"라는 구절을 근거로 남성(만의) 목사론을 펼치기도 한다. 그것이 '성경적'이라고 주장한다. 앞서 제1장에서 충분히 설명했듯이, 그렇다면 예수 그리스도의 구속 사역은 이처럼 타락한 남녀 관계에 아무런 변화도 일으키지 못할 정도로 불완전한 것이었다는 이야기인가. 예수 그리스도의 구원 사역은, 모든 막힌 담을 헐고 모든 끊어진 관계를 회복하여 '하나' 되게 하신 것(엡 2:13-18)인데 유독 '남녀 관계의 차별'만은 회복할 능력이 없는 불완전한 대속(代贖) 사역이었다는 이야기인가. 구주(救主) 예수님의 대속 사역을 그렇게 함부로 깎아내려도 좋다는 이야기인가. 그것이 개혁신학의 본질에 맞다고 끝내 우길 생각인가.

한 가지 더, 창세기 3:16과 관련하여 확인해야 할 성경 해석학적인 문제가 남아 있다. 나에게 구약성경을 가르쳤던 저명한 구약학 스승 교수님께서는 "이 본문이 히브리어의 평행법과 관계가 있다"고 가르치셨다. 히브리어 평행법에서 앞뒤 구절이 같은 내용일 때는 두 구절에 있는 낱말을 하나씩 교차해서 생략하는 경우가 있다 하셨는데, 나는 은사님의 그 탁월한 관점과 해석이 성경 66권의 통전적 경륜에 비추어 훨씬 더 잘 들어맞는다고 생각한다. 아래 괄호 속에 있는 낱말이 히브리어 평행법에서 '교차 생략'된 것으로 추정되는 낱말이다.

너는 남편을 (다스리기를) 원하고
남편은 너를 다스리기를 (원할) 것이다.

이렇게 보면, 이 앞뒤 구절이 똑같은 창세기 3:16 본문은, 남편과 아내가 서로 갈등 관계에서 힘겨루기를 하게 된 것이 범죄로 인한 타락의 결과라는 것을 분명하게 지적하고 있는 것이다. 그렇다면, 이 타락으로 인한 죽음을 걷어내기 위해 인성(人性)을 입고 참인간으로 이 땅에 오신 예수님의 십자가 대속(代贖) 사역, 그 구원 이후의 남녀관계는 어떠해야 하는가. 예수님이 오시기 전 타락한 상태 그대로, 여성 안수를 반대하는 이들이 본문을 해석하는 방식대로 한다면, 여자는 마냥 '남편바라기'로, 남자는 여자를 마구 '다스리고 짓밟고 차별하며' 계속 독재자처럼 사는 것이 정당하다는 것인가. 그것이 예수 그리스도 안에서 구원받은 남녀 인간이 목숨처럼 소중히 여기는 '참된 복음의 정신'에 정말 맞다고 생각하는가.

예수님이 성부 하나님의 뜻을 받들어 인성(人性)을 입으시고 '임마누엘'(마 1:23)하심으로 모든 것이 변했다. 사탄이 하늘에서 쫓겨났고, 세상의 썩은 질서가 회복되었다. 그분이 십자가를 지심으로 '새 창조'의 질서가 세워졌다. 그 가운데 가장 두드러진 것이, 여성을 존중하시고 여성들의 굴레를 벗겨주신 것이다(한 가지 예, 요 4:1-42). 예수님의 대속(代贖) 사역에서 가장 중요한 사건이 십자가와 부활인데, 십자가 처형의 참혹한 현장에 비겁한 남자 제자들은 단 한 명도 보이지 않을 때 여성 제자들이 십자가를 바라보며 자리를 지키고 있었고, 사흘 뒤 감격스런 부활의 첫소식을 전파하는 기독교 역사상 중차대(重且大)한 일을 예수님이 여성들에게 허락하셨던 이 엄청난 사건의 의미를 어떻게 설명할 것인가.(박영호, 2021:162-163) 여성을 사람 취급하지 않던 시절에 여성들의 인권을 보호하기 위해 이혼을 단호히 반대(마 5:32)하셨던, 당시로서는 아주 혁명적인 예수님의 가르침은 또 어떻게 받아들일 것인가.

어떤 이는 이르기를 "12사도 중에 여자가 없었다"는 논리를 펼치기도 하지만 이것은, 과거 봉건시대의 조선시대처럼 여성을 물건 취급하여 법정에서의 증인 자격도 주지 않던 참혹한 시대에, 생명의 복음을 땅끝까지 전파하기 위한 고육책(苦肉策)이나 다름없는 예수님의 '임시 선교 전략'의 결과물이었음을 정말 끝내 헤아리지 못하는 것인가. "12사도 중에 여자가 없었다"는 말을 하는 이들 중에 혹시 '남자 목사'를 '사도'급으로 여기고 싶은 교만한 마음이 있는 것은 아닌가(우리 교단 헌법 4장 1조 '목사의 의의'에도 그런 표현은 아예 없다). 좀 더 정확하게 말하자면 12사도직은, 구약의 12지파에 상응하는 새 언약의 기초로서 반역의 땅에 교회의 터를 세우기 위해, 예수님의 임시 선교 전략에 따라 '오직 유대인 남자에게만 주어졌던 한시적인 직분'이었는데 솔직히 오늘 우리나라 남성 목사·남성 장로들 중에 유대인은 없지 않은가.

예수님의 가르침을 충실히 받든 사도 바울이 말하는 여성상, 그 핵심에도 예수님이 설파하신 새 창조 질서의 원칙이 녹아 있고, '남녀 동등성', '상호의존성'이 바탕에 깔려 있음을, 성경을 정말 정직한 눈으로 깊이 들여다본 이들이라면 함부로 부인할 수는 없을 것이다. 바울의 가정생활 지침에서도 남편과 아내가 '서로' 사랑하고 '서로' 복종하라고 가르치고 있지만 오히려 남편에게 더 무거운 책임이 있다고 말하고 있지 않은가.(박영호, 2021:153) 한국이 배출한 세계적인 신학자인 김세윤 박사께서 정확히 지적하셨듯이, "여자는 교회에서 잠잠하라"(고전 14:34-35)는 한 구절만을 똑 따내서 남성만의 목사 안수가 '성경적'이라고 주장하는 이들은, 바울이 '은사론'을 펼치고 있는 고린도전서 14장의 앞부분인 고린도전서 11:4-5에서, "너희는 유대인이나 헬라인이나 종이나 자유인이나 남자나 여자나 다 그리스도 예수 안에서 하나이니라"라는 갈라디아서 3:28 말씀을 기반으로, 교회 밖 사람들에게 욕먹지 않도록 "여자들도 교회에서 단정한 복장으로 예언(설교)하라"고 바울이 가르쳤던 것은 어떻게 해석할 것인지 정직하게 대답해야 할 것이다(그래서 '성경적'이라는 말이 아주 위험하다는 말을 했던 것이다). 구약의 요엘서 2:28-29, "내 영을 만민에게 부어주리니 (중략) 내 영을 남종과 여종에게 부어줄 것"이라는 약속이 오순절에 성취(행 2장)되어 남녀 구분 없이 성령 세례를 받은 이들이 땅끝까지 복음의 증인으로 달려나가 헌신해서 오늘 이방인인 우리에게까지 이 귀한 복음이 전해진 일은 또 어떻게 설명할 것인가.

"잠든 사람은 깨울 수 있어도 잠든 척하는 사람은 절대 깨울 수 없다"는 속담이 있다. 요즘 웬만한 교인들은 고린도전서가 고린도교회라는 특정 지교회가 안고 있는 문제를 다루기 위해 사도 바울이 쓴 편지라는 것은 다 안다. 그런 편지에서, "여자는 교회에서 잠잠하라"는 딱 한 구절(고린도교회 내부에서 골칫거리가 된 일부 유부녀들이 일으키는 특정 문제를 바로잡기 위한 사도의 부득이한 임시조치, 그것도 고린도전서 11:4-5절의 가르침과는 상반되는 내용)을 만고의 진리로 받들며 '여성 목사 안수 불가'를 외치는 이들은 고린도전서의 그처럼 뻔한 저작 목적을 정녕 모르는 것인가, 아니면 마냥 잠든 척하는 사람처럼 알면서도 그냥 끝끝내 모르는 척하는 것인가.

4. 둘 다 성경적이라고 볼 수 있다면?

여성에게 목사 안수를 허락하는 교단이 있는가 하면 우리 예장합동처럼 여성 목사 안수를 허락하지 않는 교단도 있다. 서로 맞서는 이 주장을 펼치는 각 교단 소속의 신학자와 목사들이 서로 "우리가 '성경적'"이라고 주장하고 있다. 이런 신학적 평행선이 그어진 지 꽤 오래되었다. 그래서 이 글에서는 꼭 필요한 것 외에는 신학적인 논증(자세한 성경 해석학적 논증은 이 책의 제1부 참조)을 피하겠다고 했던 것이다. 시대가 달라졌다. 앞에서 이야기했듯이 목하(目下) 사회 각계각층에서 여성 지도자들의 활약이 정말 눈부시다. 참새가 죽으면서도 '짹!' 한다던가. 이렇게 말하면 보수신학자임을 자처하는 자들이 어김없이 "신정통치(神政統治)하는 교회는 세상과 다르다"거나 "시대가 변해도 하나님의 진리는 영원하다"는 식으로 노루 친 막대기같은 궤변을 펼치며 "여성 목사 안수는 안 된다"는 주장을 한다. 그들의 말이 맞다. 교회의 주인은 하나님이시며 교회가 하나님의 다스림을 받는 조직인 것도 분명히 맞다. 그들 말대로 시대가 변해도 하나님의 진리가 영원한 것 또한 분명히 맞는 말이다. 그런데… 신정 통치를 한다 해서 하나님께서 허~연 수염을 달고 꼬부랑 지팡이 들고 나타나셔서 직접 다스리는 것이 아니라, 하나님의 형상인 사람들, 곧 예수 믿는 신실한 백성들(종, 청지기)을 세워 다스리신다는 것과, 하나님께서 피조물인 우리에게 항시 '그 시대의 문화 역사적 바탕 위에서' 진리의 말씀을 주셨다는 엄연한 사실에 대해서는 어떻게 생각들 하시는가? 솔직히 목사들 중에 설교 시간에 "나는 변화무쌍한 현실적 상황에 전혀 개의치 않고 오직 문자적으로만 성경을 전달한다"며 성경 본문만 달랑 읽고는 "설교 끝났다"고 자신 있게 말하며 강단을 내려올 수 있는 이가 과연 몇이나 있는가?

백 걸음을 양보해서 양측 주장을 다 성경적으로 볼 수 있다면 우리는 어떻게 할 것인가? 우리 예장합동 교단은 여성 목사 안수가 비성경적이니까 끝까지 여성 목사 안수를 허락하지 않고 이대로 계속 갈 것인가? 여성 안수를 반대하시는 분들은 제발 현실을 직시(直視)하시라. 보수교단, 개혁신학을 주장하며 장자교단을 자임하는 우리 교단 내 총신대학교 법인이사로 여성들이 세 분(두 분은 대학교수, 한 분은 변호사)이나 이미 들어와 계신다(얼마 전 개정된 법인 정관에도 앞으로 계속 여성 이사들을 영입하도록 명문화되어 있다). 애초에 이 여성 이사들을 받을 수 없다고 105회 총회(임원회)에서 나서서 사회법에 기대어 교육부 상대로 시끌벅적하게 소송을 제기했다가 슬그머니 다 취하하고, 이사회 안에서 당사자인 여성 이사들께 학교법인 이사를 겸직하는 총회장을 포함해서 소송을 제기했던 목사가 공식 사과하는 작은 소동(?)도 있었다. 같은 목사로서 정말 몹시 창피하고 부끄러웠다. 나 역시 같은 법인 이사로서 1년 남짓 이사회에서 활동하면서 이 세 분의 여성 이사가 얼마나 출중한 인재들인지를 실시간으로 경험했다. 이 점은 아마 다른 이사들도 거의 다 비슷한 생각일 것이다.

백 보를 양보해서 양쪽 주장 다 성경적으로 볼 수 있다면, 어떤 기준에서 어떤 쪽을 '선택'해야 할 것인가? 여성의 활동을 제한하는 듯한 구약성경 구절만을 입맛대로 뽑아 신약의 원리와는 맞지 않는 주장을 계속 집요하게 펼칠 것인가, 아니면 예수님의 '새 창조' 질서에 주목하면서 좀 더 통전적이고 포괄적인 하나님 나라의 경륜을 전제로 그동안의 생각을 바꿀 것인가. 교회 밖 세상에서 수많은 여성 지도자들이 눈부시게 활약하는 이 시대에, 여성들, 특히 우리 예장합동 교단 안에 있는 여성 인재들에게만 유독 차별로 인한 불이익을 끝끝내 감수하도록 하는 것이 과연 우리가 믿고 따르는 '개혁주의' 복음의 진리, 그 취지에 맞는 일인가, 한번 가슴에 손을 얹고 생각해 보자.

앞서 '팔불출'로 욕먹을 각오하고 말씀드렸듯이, 내 아내와 나 사이에는 무슨 '서열'이나 '계급'이 전혀 없다. 아예 그런 생각 자체를 해본 적이 없다. 나는 내 아내의 지혜를 믿고 아내 역시 그렇게 나를 신뢰하며 40년을 알콩달콩 싸우지 않고 잘 살아왔다. 그랬어도 참으로 '질서' 있는 가정을 이루었다는 점에서는 하나님의 은혜로 나의 '가정 사역'이 성공하였다고 자평(自評)한다. 남녀 사이에 상호존중이 없이 어느 한쪽이 다른 한쪽을 차별하고 억압하는 질서, 그래서 하늘의 평화가 없는 질서는 성경이 말하는 참된 '질서'가 결코 아니고, '개혁주의' 신앙은 더더욱 아니다. 똑같은 하나님의 형상, 그리스도 안에서 똑같이 구속받은 남녀 죄인들이 모여 그리스도 안에서 한 몸을 이룬 거룩한 공동체, 그것이 예수 그리스도의 몸인 교회인데, 왜 유독 우리 교단 소속 여성 인재들만 하나님께서 주신 은사와 재능을 마음껏 펼치지 못하게 그 무거운 족쇄를 계속 채우고 입에 재갈을 한사코 물려 놓으려 하는 것인가.

5. 어머니, 아내, 딸을 생각하신다면

여성 목사 안수는 안 된다는 확신을 갖고 있는 분들에게는 이 글이 너무 당혹스럽고 몹시 불편하고 언짢으실 것이다. 건전한 토론을 할 수 있는 훈련이 거의 돼 있지 않은 우리 사회의 오랜 악습(惡習), 나하고 다른 의견을 내는 이들을 걸핏하면 적대(敵對)하며 교단 정치판에서 정치적으로 공격하여 매장시키기에 급급했던 일들이 그동안 교단 안팎에 더러 있었던 것을 쉽게 부인하지는 못하실 것이다. 나는 청년 시절 몸 담았던 교단을 떠나 예장합동 교단이 좋아 스스로 이 교단을 선택하여 내 발로 예장합동 교단 신학교인 총신대학교 신학대학원을 찾아와서 공부했고, 이 교단에서 목사 안수를 받아 교단 소속 전주열린문교회에서 30년 넘게 사역했다. 현재는 총신대학교 재단법인의 개방·교육 이사로도 주님을 섬기고 있다. 나는 이 문제와 관련하여 우리 교단 총회 지도자들이 "'여성준목 제도' 1년 더 연구하기로"와 같은 속 보이는 책임회피 식 탁상공론을 그만 그치고, 우리 교단이 그토록 자랑스러워하는 '개혁신학'의 원리에 맞게, '사랑과 평화'의 정신에 맞게, 요즘 흔히 말하는 '공정과 상식'에 맞게, 여성 목사 안수 문제를 전향적으로 속히 매듭지어 주시기를 간절히 바라며 기도하고 있다. 누구든지 총회 안팎에서, 꽤 어려워 보이는 (사실은 어려운 일도 아니지만) 이 일을 정직하고 당당하게 해내시는 분들은 훗날 하나님 앞에서 "착하고 충성된 종"이라, 크게 칭찬을 들으실 수 있을 것임을 나는 확신한다.

참고로, 장로교단 총회에서 신사 참배를 결의했던 당시 총회장 홍택기에 관한 기록을 아래에 잠시 인용한다. 나는 총회가 신사참배를 결의할 당시 총회장을 지낸 홍택기를 예수 믿는 목사가 아니라 한국의 '가룟 유다' 정도로 생각하고 있다. 교단 차원의 '신사참배' 결의라는 배역죄(오창희, 98-147)에 대한 교단 차원의 회개 문제에 대해서는 나중에 기회가 있을 때 총회 앞에 다시 문제를 제기할 생각이다. '신사참배'가 그저 신사에 머리 숙여 절 한 번 하는 것으로 가볍게 생각하는 사람들이 많을 텐데, 이 신사 참배 결의 후에 한국의 목사 장로들이 일본 신도(神道: Shintoism)의 중들이 행하던 신도(神道)의 세례(침례)인 '미소기하라이'를 받았다는 사실까지 아는 이는 그리 많지 않다. 한마디로 기독교 목사들이 일본 '신도(神道)'로 '개종'하는 종교 예식을 행했다는 뜻이다. '미소기하라이'란 신도 예식 가운데 신사참배 전에 자기 몸을 깨끗이 씻는 의식을 말한다. 요즘의 신사(神社)에서는 간략하게 신사 입구에 있는 손 씻는 곳에서 손과 입을 깨끗이 하는 것으로 대신하지만 원래는 나체로 물속에 들어가 몸을 깨끗이 씻는 것이다. 당시 한강에서 목사들이 무리 지어 신도 침례를 받았던 장면을 담은 사진이 오창희 목사의 책 『신사참배』에 실려 있으니 참고하시라.(오창희, 103-105) 아래는 총회장 홍택기의 배교(背敎)와 악행에 관한 포털 사이트 '다음(DAUM)' 검색 기록이다.

홍택기는 1929년 열린 제18회 조선예수교장로교 총회 회록 서기를 맡은 것을 시작으로 총회 임원을 7년간 맡는 등 장로교단의 유력 인물로 부상하였다. 1937년에는 제26차 총회에서 이 문주가 총회장에 당선될 때 부회장으로 피선되었다. 한편 이 무렵 중일 전쟁 발발로 시국이 경색되고 종교의 황민화 정책도 압박적으로 펼쳐지면서 정춘수가 이끄는 감리교는 먼저 신사 참배 강요에 호응하여 신사참배를 결의한 상황이었다. 장로교도 1938년 조선예수교장로회 제27회 총회를 열어 홍택기를 총회장으로 당선시킨 뒤, 바로 다음 날부터 홍택기의 사회로 속회하여 신사참배를 결의했다. 9월 10일 그의 명의로 발표된 성명서에는 "신사참배가 애국적 국가의식임을 자각"하며 "비상시 국하에서 총후 황국신민으로서 적성을 다 하기로"한다는 등의 내용이 들어 있다. 이날 총회에는 신사참배 반대론자인 '주기철 목사' 등을 조선총독부가 미리 옥에 가두어 참석하지 못하게 하면서 측면 지원한 것으로 알려져 있다. 신사참배 결의에 반발하는 의견은 무시되었고, 곧바로 부회장 김길창이 각 지역 노회장들을 이끌고 평양 신사를 참배하였다. 홍택기 총회장 이후 장로교단은 국방헌금을 모금해 헌납하고 기독교 계열 학교를 폐쇄하는 등 일제에 적극 협력했다. 홍택기는 광복 후 38선 이북 지역에서 계속 활동했으며, 평양 지역을 중심으로 장로교회 수습방안이 활발히 논의되면서 일제 강점기 말기의 친일 활동에 대한 반성 요구가 있었을 때 "교회를 지키기 위해 신사참배를 한 것 뿐"이라는 변명을 하여 비난을 받은 바 있다. 1950년 한국전쟁이 발발하면서 살해된 것으로 알려져 있으나 정확한 사망 시기와 경위는 알려져 있지 않다. 2008년 공개된 민족문제연구소의 '친일인명사전' 수록예정자 명단 중 '종교 부문'에 포함되었다.

이 책에서 내가 굳이 홍택기 총회장 이야기를 끄집어낸 이유는, 총회 안에서 활동하는 총대들의 모든 행위가 최후의 심판대 앞에까지 가지 않더라도 이 세상 역사 안에서도 얼마든지 이토록 무서운 심판을 받을 수 있음을 총회에 출입하는 남자 목사·남자 장로들에게 분명히 경고하기 위해서다.

우리 교단 소속 여성 사역자에게 목사 안수를 주면 안 된다고 생각하는 남성 목사·장로들에게도 낳고 길러주신 존경하는 어머니가 있을 것이며, 사랑하는 아내가 있을 것이며, 눈에 넣어도 아프지 않을 딸이 있을 것이다. 여성 안수를 반대하는 분들은, 복음이 이 땅에 들어오기 전 여성을 무자비하게 짓밟고 착취했던 그 봉건 시절처럼, 여성인 자기 어머니의 말은 철저하게 무시하면서 가정에서 아내를 마음껏 하녀처럼 함부로 부리며 계속 사실 것인지 잘 생각해 보시라. "암컷이 짖으면 집안 망하는 법"이니 꼭 그렇게 남편(남자) 마음대로 하며 제왕처럼 호기롭게 사는 게 하나님 나라의 원리에 맞는지도 생각해 보라.

여성 안수를 반대하는 분들도 자기 딸에게 어떻게든 좋은 이름을 지어주고자 애쓸 것이고, 좋은 학교에 보내 남들보다 더 좋은 공부를 시켜, 의사가 되거나 판검사가 되거나 대학교수가 되거나 장관 차관 혹은 여성 대통령이라도 되어 사회의 지도자로 우뚝 서기를 바라실 것이다. 그분들 가운데도 사랑하는 딸을 이왕이면 총신대학교 신학대학원에 보내 훌륭한 복음 사역자로 세우고 싶은 분들도 더러 있을 것이다. 그분들 중에, 남자들과 똑같은 신학 공부를 하고도 자기 딸이 평생 남자 목사, 남자 장로들에게 수시로 멸시당하며 '여전도사'로 힘들게 살기를 바라는 이는 솔직히 없을 것이다. 과거 봉건시대처럼, 자기 딸자식을 천대하고 이름도 지어주지 않고 학교도 안 보내고 그저 집안에서 조신하게 십자수(十字繡)나 놓게 하려는 분들도 없을 것이라 믿는다. 남성 목사들은, 너나없이 섬기는 교회에 여성 성도들이 한 사람이라도 더 늘어나기를 간절히 바라실 것이다.

끝끝내 여성 안수가 신학적으로 불가하고 신앙 양심상 도저히 허용할 수 없다고 생각하신다면, 총신대학교와 총신대학교 신학대학원에서 앞으로 여학생들은 절대 받아들이지 않아야 할 것이다. 차라리 그게 양심적이다. 아울러 여성 목사 안수가 비성경적이라는 확신이 있는 우리 교단 지도자들은 시간 끌지 말고 즉시 여성 목사 안수를 행하는 '이상한' 교단, 예컨대 예장 통합, 기장과의 교류를 완전히 차단하셔야 할 것이다. 또한 총회 산하 교인들 헷갈리지 않게 그런 교단들을 '이단'으로 확실하게 규정해 주셔야 할 것이다. 또한 여자 목사들의 설교를 자주 내보내는 기독 언론사와도 관계를 속히 차단하셔야 할 것이다. 여성을 한없이 차별하는 이 교단에 어엿이 몸담고 있으면서 "한국 교회 대연합"이니 뭐니 하는 앞뒤 맞지 않는 번지르르한 주장도 그만해야 할 것이다.

아울러 교단 차원에서, 국가 시민사회 앞에 '하찮은' 여성들이 함부로 전문직이나 중요한 자리에 나가지 못하도록 '성명서'라도 꾸준히 발표해서 '대정부 투쟁'을 당장 시작하셔야 할 것이다. 나는 성숙한 신앙의 특질이 '일관성'과 '꾸준함'이라고 늘 생각하고 있다. 대한민국에서 가장 전통 있는 교단인 우리 예장합동의 신학적 발걸음이라면 적어도 사람들 앞에 최소한 그 정도의 '일관성'은 있어야 할 것 아닌가? 그래서 교단 차원에서 '성명서'도 발표하고 미천한 여성들이 감히 우리 사회에 함부로 진출하지 못하도록 꾸준히 '대정부 투쟁'을 당장 시작하시라고 권면 드리는 것이다.

6. 그럴 자신이 없다면

성경 66권이 지향하는 '남녀 동등성과 평등성', '상호의존성'의 원리에 따라, 하나님 나라가 지향하는 사랑과 평화의 정신에 따라, 창피하게 더는 시간 끌지 말고 자랑스런 우리 예장합동 교단 안에서 '여성 안수'의 길을 흔쾌히 당장 열어 주시라. 우리 교단 내 탁월한 여성 사역자들이 하나님이 주신 은사와 재능을 마음껏 발휘하여 하나님 나라 확장에 기여할 기회를 부디 '속히' 열어주시라. 그렇게 되면 지금처럼 우리 교단 신학교에서 공부한 우수한 여성 인재들이 다른 교단으로 빠져나가는 일도 없을 것이고, 사역 일선에서 평생 '전도사'로 천대받으며 슬퍼하는 일도 없을 것이다. 그리되면 아무리 지금처럼 학령(學齡)인구가 급감한다 해도, 총신대학교 신학과와 총신대학교 신학대학원에 하나님의 부르심을 입은 정말 우수한 여성 인재들이 앞다투어 들어올 것이고, 우리 교단에 실망하여 등을 돌린 청년들도 다시 돌아올 것이고 그만큼 우리 교단의 앞날은 밝아질 것이다.

7. 현 '교단헌법'의 '교회직원 관련 조항'도 개정해야

내친김에 현 교단 헌법의 '교회직원 관련 조항'도 개정할 것을 제안한다. 여성 안수를 반대하는 전제로 만들어진 현재 교단 헌법에는 교회 직원 중에 남성 안수집사, 권사, 남성 장로가 있다. 교회 공동의회에서 똑같이 교인 2/3 이상의 지지를 얻고도 여성은 안수 없이 권사(성경에도 없는 직분인데, 여성을 안수하여 '항존직'으로 세우지 않으려는 꼼수로 만들어낸 '임시직'이다.)로 취임하고, 남성은 안수하여 집사 또는 장로로 세운다. 여성 목사 안수를 허락할 생각이라면, 그에 어울리지 않는 현재의 권사 제도는 폐지하고, 앞으로 공동의회에서 2/3 이상의 지지를 받는 이들은 '남녀 구분 없이' 모두 다 안수하여 안수집사와 장로로 세우는 것이 좋을 것이라 본다. 그러면 자연히 총회에 여성 총대도 참석할 수 있게 될 것이다. 세속의 국회에도 여성 의원들이 많이 있는데 총회에 여성 총대가 참석하는 것이 그리 새삼스러울 것은 없다고 보기 때문이다. 그것이 교단 안에 남성 교인들보다 훨씬 수가 많은 여성 교인들의 권익을 정당하게 보호하는 훨씬 덕스러운 길이 될 것이다.

'늦었다고 생각할 때가 가장 빠른 때'임은 잘 아실 것이다. 교단 총회 앞에 간청하노니, 자랑스런 우리 예장합동 교단과 교단 소속 교회 안에서 더 이상의 여성 차별이 없게 하시라. 106회기 총회(총회장 배광식)의 멋진 구호처럼, 우리 교단의 남성 사역자들과 여성 사역자들이 함께 손을 맞잡고 '은혜로운 동행'의 길을 즐

거이 걷게 속히 여성 안수의 문을 열어 주시라. 우리 교단 소속 여성 성도들의 무한한 잠재력과 은사와 재능을 지금처럼 이렇게 무참히 사장(死藏)시켜 하나님의 엄한 책망을 자초(自招)하지 마시라. 우리 주님의 여종·남종들이 손을 맞잡고 주 앞에 활달하게 헌신하게 될 때 비로소 남성 목사들이 강단에서 우리 주 예수 그리스도의 '사랑'과 '평화'와 '정의'에 대해 하나님 앞과 남녀 성도들 앞에 떳떳하게 설교하실 수 있을 것이다. 다시 말하지만, 적어도 우리의 '개혁신학'과 행위에 최소한의 '일관성'은 있어야 하겠기에, 아울러 내가 우리 예장 합동 교단을 한없이 자랑스러워하고 정말 사랑하기에, 기다리고 참다못해 오랜 기도와 고민 끝에, 우리 교단 소속 사랑하는 동역자들께 간곡히 드리는 호소임을 이해하시고, 우리 주 예수님의 사랑으로 이 어설픈 글을 부디 너그러이 용납해 주시라. 우리 예장합동 교단의 질서를 어지럽히거나 교단을 무너뜨리기 위함이 아니라, 복음의 진리에 반(反)하여 여성을 무참히 차별하는 행동을 함으로 하나님의 심판을 자초하며 '세상의 소금과 빛'(마 5:13-16)이 되기는커녕 뭇 사람들의 손가락질을 받으며 무너져 가는 우리 예장합동 교단을 어떻게든 속히 회복시키고 살리고자 하는 충정(忠情)에서 쓴 글임을 부디 이해해 주시라.

(2022. 7. 31.)

결론

　앞서 말했듯이, 여성 안수를 허락하거나 허락하지 않는 문제는 성경에 명시되어 있지 않으므로 결국 이 문제는 '성경 해석학의 문제'이고 성경해석학적 결론에 따른 '선택의 문제'임을 이미 밝혔다. 그래서 제2부에 실린 글에서 일단 양쪽 다 '성경적'으로 볼 수 있다는 좀 온건한 전제하에 논의를 시작했던 것이다. 여성 안수를 허용하든 그렇지 않든 그것이 '선택'의 문제라면 과연 어느 쪽이 성경의 통전적인 원리, 복음의 정신, 우리들의 본향인 새 하늘 새 땅의 정신에 더 부합하느냐를 따져봐야 한다는 것도 말씀드렸다. 그래서 이 책의 제1부에서 여성 안수를 허용하는 것이 개혁주의 신앙의 정신에 더 부합한다는 것을, 구약 창세기에서부터 신약 요한계시록에 이르기까지 쟁점이 되는 성경 구절의 해석학적인 확인을 통해 분명히 증명하였다. 최근 이국진 목사(전주예수비전교회)가 「뉴스앤조이」(2022. 9. 16.)에 "여성 안수는 절대로 불가하다는 이들에게"라는 제목으로 발제한 글에서, 복음은 '누가' 전하느냐가 중요한 것이 아니라 '무엇을' 전하느냐가 중요하다는 아주 '예리한 지적'을 하면서 하나님이 심지어 '나귀'를 통해서도 말씀(민 22:28-30) 하시지 않았느냐는 아주 인상적인 이야기를 했다. 따라서 하나님께서 불러 쓰시는 '여종'들의 안수를 반대하며 그들의 사역을 방해하는 것은 엄위하신 하나님 앞에서 주님의 귀한 여종들을 '나귀'만도 못하게 여기는 아주 무례하고 몰상식한 짓이다. 이해를 돕기 위해 발제 기사의 일부를 '평어법'으로 바꿔 잠시 인용한다.

> 성경 전체는 하나님의 말씀을 전달할 때 중요한 것은 전달자가 '누구'이냐가 아니라 전달하려는 내용이 '무엇'이냐라고 가르친다. 따라서 입이 둔한 모세도 하나님께서 사용하셨고, 어린아이였던 사무엘도 하나님께서 말씀 대언자로 사용하셨고, 어린 소녀의 입을 통해 나아만을 인도하셨고, 심지어 나귀를 통해 깨닫게 하기도 하셨고, 또한 구약성경에서도 여성을 사용하신 경우가 있었다. '누구'를 사용하느냐가 중요한 것이 아니라, '어떤 내용'을 전하느냐가 정말 중요한 것이기 때문이다.

> 반대로 정식으로 임명된 사역자라 할지라도, '거짓 복음'을 전한다고 한다면 그것이 문제라고 할 수 있겠다. 특별히 바울 사도는 심지어 하늘에서 내려온 천사라고 할지라도, 거짓 복음을 전한다면 그 천사는 저주를 받아야 한다고 말했다. 성경의 전체적인 교훈은 '무엇'을 가르치느냐, 가르치는 내용이 무엇이냐가 중요하다는 것이다. 누가 가르치는지는 결코 중요하지 않다고 하는 것이 성경 전체의 가르침이다. 이 점을 반드시 고려해야

할 것이다.

결론적으로 이 책에서 지금까지 다룬 내용을 요약하면 다음과 같다.

① 창세기 1:26-28에 등장하는 삼위 하나님의 형상은 남자-여자의 한 몸(공동체)을 가리킨다. 이 하나님의 형상은 '상호성', '동등성' '연합'을 가리키는 말이지 '계급'이나 '서열'을 말하는 것이 아니다.

② 창세기 2:18의 '돕는 배필'은 남녀 한몸의 '반쪽'을 의미한다. 마찬가지로 이것도 서열이나 계급이 아니라 '동등성', '연합', '상호의존성'을 의미한다.

③ 창세기 3:16b는 히브리어 평행법에 따라

"너는 남편을 다스리기를 원하고,
남편은 너를 다스리기를 원할 것이다"

로 번역하는 게 옳고, 따라서 이것은 개역성경의 번역처럼 남녀 종속관계를 말하는 본문이 아니라 범죄와 타락으로 인해 하나님이 보시기에 좋았던 남녀관계가 상호 경쟁, 상호 다툼으로 변질(창 3:5 참조)되었음을 나타내는 본문으로 읽어야 한다. 따라서 여성 안수를 논하는 과정에 여태껏 자주 배제되어 왔던 예수 그리스도를 통한 '구원론'(회복된 후의 남녀 관계라는 관점)이 반드시 전제되어야 한다.

④ 여성 사사 드보라는 하나님께서 들어 쓰신 이스라엘의 진정한 지도자였다. 그는 사사 시대 '제2의 모세'였다. 남성 우위의 사회에서 여성 사사를 하나님께서 들어 쓰신 이 원리가 복음의 빛이 더 강렬해진 신약시대에 바뀌거나 퇴보했을 리가 없다.

⑤ 삼위일체론을 근거로 '질서'를 들먹이며 여성 안수를 반대하는 논리는 신성모독적이다. 성부께서 성자를 이 땅에 파송하셨듯이 남자가 여자를 어딘가로 파송한 적이 없다. 그러므로 삼위일체론으로 '여성 안수 불가'를 주장할 수 없다.

⑥ 12사도 중에 여성이 없었다는 사실은 복음 사역의 초기에 예수님이 선택하신 속도 조절용 '임시 선교 전략'이었을 뿐이다. 한국인 목사 중에 유대인은 한 명도 없으며 무엇보다도 오늘의 목사는 예수님 당시의 사도가 아니다.

⑦ 상충되어 보이는 본문을 해석할 때는 서신의 '저작 목적'과 좀 더 '큰 문맥'을 잘 살펴 결론을 내려야 한다는 것을 밝혔다. 따라서, 고린도전서 11:4-5와 상충되는 고린도전서 14:34-35 말씀은 여성 안수 반대론의 근거가 못 된다는 것을 분명히 증명했다. 고린도전서 14:34에 나오는 '여자'는 일반 여성 전체를 가리키는 것이 아니라 예배 시간에 자꾸 질문함으로써 예배 질서를 어지럽히는 일부 '유부녀'들이었음을 알고 본문을 해석해야만 한다.

⑧ 디모데전서 2:12의 헬라어 '아우뗀테인'의 번역어가 17세기 이후 교묘하게 '중립적인 의미로' 바뀌었다. 이 낱말의 의미를 바울 당시의 부정적인 의미로 되돌리면 본문의 해석이 180도 달라진다. 따라서 바울 당시의 의미대로 번역을 다시 한다면 이 본

문이 여성 안수 반대의 논거가 될 수 없음을 명확히 알 수 있다.

⑨ 디모데전서 2:11–15를 제대로 이해하려면, '1세기 여성의 낮은 교육 수준'과 '원시 영지주의의 핵심교리'를 잘 알아야 한다. 디모데전서 2:12의 '여자' 역시 일반 여성 전체가 아니라 교회에서 문제를 일으키고 있는 일부 '유부녀'들이었기 때문에, 이 본문에서 바울이 주장하는 영구적이고 '규범적인 가르침'은, '여성 안수 금지'가 아니라 "남녀를 불문하고 누구나 거짓 교사들에게 속아 시험에 빠질 수 있다"는 것, "남녀를 불문하고 준비되지 않은 자는 교회 지도자로 세우면 안 된다"는 것이다. 요즘 식으로 표현하면 "'신천지 이단'에 빠진 자는 교회 지도자로 세우면 안 된다"는 말과 같다.

⑩ 바울이 창세기 본문을 인용하고 적용하는 방식은 각 지(支)교회의 상황에 따라 매우 다양하고 때로 상반되어 보이는 것도 있다. 따라서 각 서신에서 바울이 각기 다르게 적용하는 창세기 본문을 근거로 여성 안수에 관한 '규범적 지침'을 만드는 것은 매우 위험하다.

⑪ 바울서신에 바울과 동역했던 유능한 여성 지도자들이 아주 많이 등장한다는 사실에 주목해야 한다.

⑫ 여성 안수 허용이 곧 '동성애'를 용인하는 것으로 지레 겁먹을 필요는 없다. 동성애를 명확하게 죄로 규정하는 성경 구절들에는 일관성이 있지만, 교회 내 여성 지도력에 관해서는 각 교회별로 적용의 다양성이 있기 때문이다. 그러니 동성애를 핑계로 여성 안수를 막지 마라.

⑬ 시계가 왼쪽 방향으로 돌 수 없듯이 새 하늘 새 땅을 향하

는 성경이야기 역시 종말의 마지막 시점을 향한 흐름을 거스를 수 없다. 이 점을 주목하면 성경 해석 여부를 떠나서 여성 안수 문제에 대한 해답은 아주 쉽게 나온다.

⑭ 교단 총회에서 신사참배를 결의한 죄, 아직 교단 차원의 회개가 이루어지지 않았기에 그 죄가 아직 그대로 남아 있다. 나는 여성 안수를 반대하는 죄 또한 그 무게가 교단 차원의 신사참배 결의와 별로 다르지 않다고 생각한다.

⑮ 그러므로 여성 안수를 막는 시간이 길어질수록 이 교단을 향한 하나님의 진노와 심판의 무게는 계속 더해질 것이다. 젊은이들이 교회를 떠나고 '가나안' 교인들이 속출하여 교세가 줄고 교단이 아주 망하기 전에 한시바삐 여성 안수의 문을 열어야 한다.

⑯ 추수할 일꾼이 정말 부족한 이 말세에, 교단 안에 남자보다 훨씬 더 많은 여성 인재들이 사역할 길을 남자들이 나서서 막는 것을 하나님께서 기뻐하실 리 없다. 여성 인재들과 남성 인재들이 손을 맞잡으면 얼마나 눈부신 시너지 효과가 날 것인지 정말 진지하게 생각해 보라.

아울러, 제107회 총회 현장(2022. 9. 19. 화성 주다산교회, 총회장 권순웅 목사)에서 기자 회견할 때 발표했던 나의 '모두 발언'으로 이 책의 최종 결론을 삼고자 한다.

우리 예장합동 교단은 개혁주의 보수신학을 추구하며 스스로를 진리 사수의 마지막 보루라고 여겨왔다. 그 신학적 확신에 근거하여 교회 안에서 '남자만 지도력을 지녀야 한다'는 그릇된 생각으로 지금까지 여성을 차별하고 교회 안에서 여성의 인권을 무참히 짓밟아 왔다. 예수 그리스도의 복음이 이 땅에 들어오면서 억압받던 여성들이 해방되어 진리 안의 자유를 마음껏 누리게 되었음에도 18세기 봉건사회의 남존여비(男尊女卑) 사상의 악한 뿌리는 아직도 주님의 몸인 교회 안에 알게 모르게 많이 남아 있다. 우리 교단은 그릇된 성경해석과 왜곡된 신학적 확신으로 똑같은 하나님의 형상이자 남성의 소중한 반쪽인 여성을 무시하며 복음 사역을 위해 하나님이 여성들에게 주신 빛나는 은사와 재능을 발휘하지 못하게 남자 목사·남자 장로들이 앞장서서 가로막는 무서운 죄를 계속 짓고 있다.

사람이 태어날 때 성별을 스스로 선택하는 것이 아니고 전적으로 '하나님의 결정'에 따라 누구는 여자로 누구는 남자로 태어난다. 자식이 부모를 선택할 수 없듯이, 여자·남자의 성별 또한 그러하다. 곧 지금 남자로 사는 사람들이 여자로 태어났을 수도 있었고, 지금 여자인 사람들이 남자로 태어났을 수도 있었다는 말이다. 창조주 하나님의 작정과 선택으로 결정된 '성별'에 따라 남자 사람이 여자 사람을 차별하는 것이 우리가 믿는 기독교 복음의 정신에 부합할 리 없다. 하나님의 아들 예수님이 이 땅에 오실 때 남자가 아닌 여자의 몸을 빌리셨다. 인류 역사상 여자인 어머니의 몸을 거치지 않고 태어난 남자는 단 한 명도 없다. 아울러 출생 전 열 달 동안 남자인 아버지의 뱃속에서 양육되어 태어난 남자 역시 단 한 명도 없다. 남자들 가운데 동성애자를 제외하고 남자를 아내로 취한 사람도 없으며, 여자인 아내와 한 몸 되어 살면서 남자인 아들만 골라서 낳는 남자들도 없다.

성경은, 남자 혼자 있는 것이 하나님께서 보시기에 좋지 않다 하셨고, 그래서 반쪽인 남자에게 가장 잘 어울리는 또 다른 반쪽으로 여자를 지어 주시고(창 2:18) 둘이 한 몸 되어 살라 명하셨다(창 2:24). 이 '남녀 한 몸'을 성경은 '하나님의 형상'이라고 하며, 그 한 몸인 하나님의 형상을 보시며 하나님께서 '심히' 좋아하셨다(창 1:31). 비록 첫 사람 아담 부부의 타락으로 인류에게 죽음이 찾아왔어도, 하나님의 약속대로 메시아 예수께서 '동정녀' 마리아의 몸을 빌려 우리 곁에 오셔서(창 3:15) 십자가에서 대속(代贖) 사역을 완성하시고 부활 승천하심으로 오늘 우리는 그분의 다시 오심을 고대하며 새 하늘 새 땅을 향해 달려가고 있다. 그 여정에서, 주님 다시 오실 그날까지 땅끝까지 이르러 주님의 복음을 전할 귀한 사명을 우리가 받았다. 그 복되고 위대한 사명을 여자들은 제외하고 오직 남자들만 받은 것이 아님은 분명하다.

그동안 예장 합동 교단은 성경에 근거하여 "여자는 교회에서 잠잠하라", "여자가 남자를 주관하는 것을 허락하지 않는다"고 주장해 왔다. 그러나 그런 성경 해석이 아주 잘못되었으며 따라서 그처럼 왜곡된 성경 해석에 근거하여 여성 안수를 반대하는 것이 개혁주의 신앙에 정면으로 반(反)하는 것임이 확실히 증명

되었다. 어떻게든 성경의 진리에 기반하여 생각하고 행동하려는 우리 교단 장로, 목사들의 자세 자체는 참으로 귀하고 아름다운 것이다. 그렇다면, 그 성경해석의 오류가 확인되었다면 신속하게 신학과 교리의 방향을 바로잡는 것이 개혁신앙과 보수신학을 추구하는 교단의 자랑스런 전통에 더 부합하는 것 아니겠는가. 왜곡된 성경해석에 따라 여성을 차별하고 교회 내 여성의 인권을 유린하고 무엇보다도 하나님이 불러 쓰시는 여종들이 헌신할 기회를 남자들이 앞장서서 무참히 박탈한 죄에 대해 하나님 앞에 깊은 회개가 선행되어야 할 것이고, 그 오랜 죄악의 무게가 하루라도 더하기 전에 교단 안에서 여성 안수의 문을 '당장' 열어야 할 것이다. 그것이 엄위하신 하나님의 심판과 징계를 조금이라도 덜 받고 우리 교단이 회복되는 지름길이다.

총회 안에서의 활동을 포함해서 이 땅에서 우리가 하는 모든 행위와 마음속 숨겨진 동기까지도 하나님의 심판 대상임을 잘 알 것이다. 잠시 나그네 삶을 사는 우리의 본향(本鄕)이 따로 있는 이상 교단 총회의 정치무대에서 '영생'할 수 있는 이는 단 한 명도 없다. 때가 이르면 주님 앞으로 불려가서 우리의 모든 말과 행실에 대해, 특히 총회에서의 모든 활동에 대해 주님 앞에 낱낱이 이실직고(以實直告)해야 할 것이다. 거기에 똑같은 하나님의 형상인 여성들을 차별하고 그들이 주님을 섬길 기회를 박탈했던 죄를 끝끝내 추가하고 싶지 않다면 예장합동 교단은 즉시 '여성 안수'의 문을 열어야 할 것이다. 그것이 우리 교단이 살 수 있는 유일한 길이다. 추수할 일꾼이 한없이 부족한 이때에, 교단 안에 남자들보다 훨씬 수가 많은 유능한 여종들이 복음 사역에 헌신하지 못하도록 남자 목사·남자 장로들이 그들의 손발을 한사코 묶어놓는 것을 우리 주님께서 기뻐하시리라 생각하는가. 주님의 무시무시한 진노를 피하고 싶거든 총회는 시간 끌지 말고 '당장' 여성 안수의 문을 활짝 열도록 하라.

"귀 있는 자는
성령이 교회들에게 하시는 말씀을
들을지어다."(계 2:7, 11, 17, 29; 3:6, 13, 22)

(2022. 9. 19.)

총신 신대원 여동문회
"여성 안수 논의 용감하게 나서 준 이광우 목사 지지"
예장합동에 여성 안수 도입 촉구한 이광우 목사 지지 성명…
"컴컴한 어둠 속 한 줄기 빛과 같아"

[뉴스앤조이—최승현 기자] 총신대학교 신학대학원 여동문회(회장 김희정)가 대한예수교장로회 합동(예장합동·배광식 총회장)에 여성 안수를 촉구하는 글을 쓴 총신대 법인이사 이광우 목사(전주열린문교회) 지지 성명을 8월 24일 발표했다.

여동문회는 이 목사가 지난 7월 29일 「뉴스앤조이」에 기고한 '여성 목사 안수는 비성경적인가?'가 아주 보수적인 관점에서도 여성 안수를 주장할 수 있다는 점을 잘 보여 줬다고 평가했다. 예장합동에는 "여자는 교회에서 잠잠하라"(고전 14:34) 등 일부 성경 구절을 인용해 여성 안수를 반대하는 이들이 많아, 교단 내부 인사가 여성 안수를 공개적으로 논의하기 어렵다. 여동문회는 이 문제에 이름을 걸고 공개적으로 나선 이광우 목사에 대해 "컴컴한 어둠 속에 나타난 한 줄기 빛과 같다"고 했다.

여동문회는 "'여성 안수 찬성'을 입에 올리는 순간 '공공의 적'

이 돼 괴로운 상황을 맞닥뜨리는 상황에서 용감하게 입을 열어 준 이광우 목사에게 감사와 지지를 표하며, 이 목사의 이후 행보에도 함께하겠다"고 밝혔다. 이와 더불어 "이광우 목사의 글을 기점으로 여성 안수에 대한 진지하고 학문적인 연구와 논의를 하길 촉구한다"며 예장합동의 전향적인 변화도 요구했다.

아래는 성명서 전문이다.

이광우 목사의 '여성 (목사) 안수는 비성경적인가?'를 지지한다.

그동안 총신 신대원 여동문회는 총회와 교회를 향해 "여성 안수를 허하라"는 주장을 줄기차게 해 왔다. 15년이 넘는 세월 동안 총회에서 피켓 시위도 하였고 여성 안수를 청원하는 글도 계속해서 올리고 언론에 호소도 하였지만 총회와 교단과 목사들은 이런 여동문들의 호소에 거의 응답하지 않았다. 이러는 동안 여성 안수를 기대하던 많은 여동문들은 타 교단으로 가서 목사 안수를 받고 교회 사역을 하고 있다. 그리고 우리 교단 GMS 소속 선교사들이 활동하는 해외 선교지에서는 여선교사들이 성례와 성찬을 행하지 못하는 것이 매우 부정적인 문제로 불거지기 시작했고 군 선교에서는 여군목이 확대되면서 합동 교단의 여군목 몫을 다른 교단에 넘기는 상황이 벌어졌다. 여성 안수를 불허한 것으로 인해 여러 불이익과 문제가 일어나자 총회도 여성 사역자의 처우와 사역에 대한 논의를 시작하고 위원회를 만들었지만 아직 그 활동과 실적이 미미하다. 여성 사역자의 문제는

'여성 안수'라는 가장 근본적인 문제를 건드리지 않고는 해결 방법을 찾을 수 없다. 그런데 현재 총회와 교단 안에서 '여성 안수 찬성'이란 말은 금기어이자 잘못하면 신학 문제로 걸릴 수 있기에 사역위원회는 '강도권 허용'이라는 안건을 올리는 것도 부담스러워하는 실정이다.

합동 교단의 암울한 상황 속에서 이번에 이광우 목사(총신대학교 법인이사)의 '여성 (목사)안수는 비성경적인가?'라는 글 발표는 컴컴한 어둠 속에 나타난 한 줄기 빛과 같다. 이광우 목사는 글에서 여성 안수를 반대하기 위한 주장들을 조목조목 반박하고 있다. 그는 돕는 배필, 창조의 순서 문제, 남녀 사이의 질서, 삼위일체론 등을 비판하며 현재 남녀 사이의 질서에 대한 강조는 차별이라고 바르게 지적한다. 또한 "여성 안수 반대가 성경적일 수 있는 것처럼 여성 안수 찬성도 성경적일 수 있다"라며 그동안 여성 안수를 반대한 주요 구절들에 대해 아주 보수적인 성경 해석으로 반박하고 있다. 그의 이런 주장은 현재 보수적인 성경학자들도 동의하는 수준이지 급진적이거나 비평학적이지 않다. 이를 통해 그는 성경은 보수적인 관점에서 보더라도 여성 안수 찬성을 주장할 수 있다는 것을 잘 보여 주었다. 또한 한발 물러나 둘 다 성경적일 수 있다면 "교회 밖 세상에서 수많은 여성 지도자들이 눈부시게 활약하는 이 시대에, 여성들, 특히 우리 예장합동 교단 안에 있는 여성 인재들에게만 유독 차별로 인한 불이익을 끝끝내 감수하도록 하는 것이 과연 우리가 믿고 따르는 '개혁주의' 복음의 진리, 그 취지에 맞는 일인가, 한번 가슴에 손을 얹고 생각해 보자"라는 호소로 현대사회에서 교회와 신학의 역할을 다시 생각도록 촉구한다.

'여성 안수 찬성'을 입에 올리는 순간 '공공의 적'이 되어 많은 괴로운 상황을 맞닥뜨리게 되는 합동 교단의 상황 속에서 용감하게 입을 열어 여성 안수가 비성경적인지를 묻고 여성 안수를 찬성한다는 의견을 공개적으로 발표하는 것은 큰 용기와 믿음이 필요한 일이다. 그러므로 이런 이광우 목사의 행보에 대해 여동문회는 환영과 감사와 지지를 표하며 여성 사역자를 위해 나서준 이광우 목사의 이후 행보에도 여동문은 함께할 것을 약속한다. 그리고 교단과 총회는 이광우 목사의 글을 기점으로 여성 안수에 대한 진지하고 학문적인 연구와 논의를 하기를 촉구한다.

세상은 침묵하는 다수가 아닌 진리를 외치는 소수에 의해 변화되기에 이 글이 한 사람의 목소리에서 그치지 않고 교단 전체를 울리는 큰 외침으로 바뀌어 합동 교단과 교회가 바뀌는 데 기여하는 '다윗의 물맷돌'이 되기를 기대한다.

2022년 8월 24일
총신대학교 신학대학원 여동문회

"1년간 더 연구하기로"라는
아주 세련된 거짓말
_예장합동 107회 총회와 총대들에게 고함

https://www.newsnjoy.or.kr/news/articleView.html?idxno=304695

총신 신대원 여동문회,
예장합동 '여성 준목 연구' 결의 비판
'준목 연구 철회하고 여성 안수 허락하라' 성명 발표…
"'준목'은 마치 목사인 것처럼 속이려는 호칭"

[뉴스앤조이-나수진 기자] 총신대학교 신학대학원 여동문회(회장 김희정)가 여성 준목 제도를 1년간 연구하기로 결의한 대한예수교장로회 합동(예장합동·권순웅 총회장) 107회 총회 결의를 비판했다. 총신 신대원 여동문회는 9월 22일 '준목 연구 철회하고 여성 안수 허락하라'는 제목의 성명을 내고, 예장합동 교단이 편법적인 준목 제도 대신 여성 안수를 도입해야 한다고 했다.

이들은 성명에서, 예장합동 여성사역자지위향상및사역개발위원회(여성사역자위·김종운 위원장)가 '여성안수연구위원회'를 총회에 헌의하겠다고 여동문회에 약속해 놓고 엉뚱하게도 '여성준목연구위원회'를 헌의했다고 했다. 여성사역자위가 총회와 여성 사역자의 다리 역할을 해야 하는데, 오히려 여성 사역자의 의견을 묵살하고 총회 의견을 강요하려 한다고 했다.

'준목'은 목사가 아니라 임시직이라는 점도 지적했다. 여동문회는 "타 교단의 경우 '준목'은 목사 고시에 합격해 수련을 받고 있는 목사 후보생을 의미하며, 우리 교단의 '강도사'에 해당한다. 그러므로 '준목'은 목사가 되기 위한 준비 단계에 있는 사람에게 주는 것이기에 임시적인 직책이다"라면서 "여성 사역자에게 임시직인 '준목'을 주겠다는 것은 여성 사역자를 임시직으로 묶어 두겠다는 것이다. 마치 목사인 것처럼 하면서 속이려는 의도를 가진 호칭"이라고 했다.

준목 제도로는 교회 내 심각한 여성 사역자 차별과 여성 차별 문제를 해결할 수 없다고 했다. 여동문회는 "현재 교회에서 일어나는 여성 사역자에 대한 차별은 여성이 남성과 동등하게 안수를 받지 못하는 데서 오는 계급적 문제다. 이런 계급적 문제가 해결되지 않고서는 여성 사역자의 지위 향상은 불가능하다"며 준목이 아닌 여성 안수를 인정하라고 총회에 촉구했다.

다음은 성명서 전문이다.

준목 연구 철회하고 여성 안수 허락하라

107회 대한예수교장로회 합동 총회의 여성 사역자에 대한 결의는 참담하기 그지없다. 총회는 여성 사역자들의 외침과 형편, 그리고 교회의 필요성과 사회적 변화에는 눈감고 귀 막고 오직 여성 안수 반대만을 고집하고 있음을 다시 한번 보여 주었다.

여성사역개발위원회 위원장(김종운 목사)은 '여성안수연구위원회'를 총회에 헌의하겠다고 여동문과 약속하였는데 엉뚱하게 '여성준목연구위원회'를 헌의하였고 총회는 '준목 제도'를 1년 동안 연구하는 결의를 하였다. 이 총회의 결의에 대해 우리 여동문은 다음과 같은 이유로 반대한다.

첫째, 여성사역개발위원회는 여성 사역자의 지위 향상을 위해 여성 사역자의 의견을 청취하고 총회에 전달하여 총회가 여성 사역자를 위한 결의를 할 수 있도록 다리 역할을 해야 한다. 그런데 현재 위원회는 오히려 여성 사역자의 의견을 묵살하고 총회의 의견을 여성 사역자들에게 강요하려고 한다. 그렇기에 여성 사역자의 요구인 '여성안수연구위원회' 대신 '여성준목연구위원회'를 여성사역개발위원회 이름으로 헌의한 것이다. 여성사역개발위원회는 원래 목적대로 여성 사역자들의 권익을 위해 일하기를 촉구한다.

둘째, 총회 헌법에도 없는 갑자기 튀어나온 '준목 제도'는 무엇인가? 타 교단의 경우 '준목'은 목사 고시에 합격하여 수련을 받고 있는 목사 후보생을 의미(기장)하며 우리 교단의 '강도사'에 해당한다. 그러므로 '준목'은 목사가 되기 위한 준비 단계에 있는 사람에게 주는 것이기에 임시 직책이다. 그런데 여성 사역자에게 임시직인 '준목'을 주겠다는 것은 여성 사역자를 임시직으로 묶어 두겠다는 것이다. 여성에게 장로 안수를 주기 싫어서 임시직인 '권사'를 세운 것과 같은 변칙적인 제도이다. 결국 준목은 목사가 아니다. 그런데 마치 목사인 것처럼 하면서 속이려는 의도를 가진 호칭으로 보인다. 그러므로 총회는 여성 사역자의 문제를 이런 편법으로 해결하려고 하지 말고 상식적으로 해결하기를 촉구한다.

셋째, '준목' 제도는 교회의 심각한 여성 사역자에 대한 차별과 여성 차별의 문제를 해결할 수 없다. 준목도 결국 안수를 받은 목사가 아니기에 목사 아래에 위치한다. 현재 교회에서 일어나는 여성 사역자에 대한 차별은 여성이 남성과 동등하게 안수를 받지 못하는 데서 오는 계급적 문제이다. 이런 계급적 문제가 해결되지 않고서는 여성 사역자의 지위 향상은 불가능하다. 그렇기에 여성 안수에 대한 주장은 계속될 것이고 이를 반대하기 위해 합동 교단은 남녀평등을 지향하는 사회와 반대로 여성의 열등성을 더욱 강하게 주장할 수밖에 없다. 그 결과 합동 교단은 여성을 차별하는 교단이라는 불명예를 계속 가지게 될 것이다. 과연 이번 총회의 결정이 교회와 교단과 선교에 도움이 될 것인지 진지하게 생각해 보기를 바란다.

그러므로 우리 총신 신대원 여동문회는 '준목 제도'에 대한 총회의 결정에 반대하며 '여성 안수'를 강력하게 요구한다.

2022년 9월 22일
총신대학교 신학대학원 여동문회

우리 교단 GMS 소속
아프리카 선교사님(신학박사·신약학)의 편지

목사님
평안하신지요?

기고하신 글과 인터뷰하신 것 뒤늦게 봤습니다.
진작 바뀌었어야 할 것인데, 아직까지…

우리 교단 선교부에서 파송된 선교사들이 세운
여기 현지 교단에서는
몇 년 전부터 여성 목사 안수하고 있습니다.
오히려 이들을 키웠던,
일을 대차게 잘하시는 여성 선교사님들께서
목사 안수 없이 사역하시는 진풍경…

이분들 목사 아니라고,
자기들이 양육한 영적 새끼들 세례식도 직접 집례 못하고,

성찬식 집례도 못하고,
목사인 남자 선교사께 부탁하기도 했던 진풍경…
뭐, 현실이 그렇습니다.

귀한 의견 올려, 목소리 내주셔서 감사합니다.

참고문헌

국내

강남순, 질문 빈곤 사회, 행성B, 2021.

강호숙, 여성이 만난 하나님, 넥서스, 2016.

_____, 성경적 페미니즘과 여성 리더십, 새물결플러스, 2020.

구교형, 하나님나라를 응시하다, 대장간, 2019.

권지성, 특강 욥기:고통, 정의, 아름다움에 관한 신의 드라마, IVP, 2019.

기따모리 가조, 이원재 역, 하나님의 아픔의 신학, 새물결플러스, 2017.

김경열, 레위기의 신학과 해석:성전과 거룩한 백성, 새물결플러스, 2016.

_____, 드라마 레위기, 두란노, 2020.

_____, 성막의 세계, 두란노, 2022.

김경희, "고린도전서 11:2-16에 나타난 바울의 성차별주의와 기독교 여
            성들의 성평등의식", 한국연성신학 45, 2001.

김근주, 오늘을 위한 레위기, IVP, 2021.

김기석, 끙끙 앓는 하나님:예레미야 산책, 꽃자리, 2018.

김기현, 욥, 까닭을 묻다, 두란노, 2022.

김세윤, "서창원 목사의 '여성 안수 허용 문제에 대한 이의제기'에 답함",
            목회와 신학 185, 2004/11.

_____, 그리스도가 구속한 여성: 성경적 남녀관계와 여성리더십, 두란노,
            2016.

김승환, 헌법의 귀환, Human&Books, 2017.

김영민, 인간의 글쓰기, 글항아리, 2020.

김영웅, 과학자의 신앙공부, 구리, 2015.

김지찬, 엔 살롬 교향곡(상,하), 기독신문사, 1999.

김판임, "왜 여자만 머리를 덮으라고 하는가? 고린도전서 11:2–16에 관한 연구, 인약논단 16, 2009.

김학준, 제줏말 작은 사전: 제줏말 사용 안내서① 제라헌, 2021.

나용화, 여자 목사 임직은 성경적이다, 에페코북스, 2022.

다우마, 신원하 역, 개혁주의 윤리학, CLC, 2003.

데이비드 잭맨, 정옥배 역, 티칭 이사야, 성서유니온선교회, 2013.

리처드 미들턴, 이용중 역, 새 하늘과 새 땅, 새물결플러스, 2015.

마이클 부쉬, 김요한 역, 내 아버지 집에 거할 곳이 많도다, 새물결플러스, 2010.

마이클 하이저, 손현선 역, 보이지 않는 세계, 좋은씨앗, 2019.

마이클 호튼, 세상의 포로된 교회, 부흥과개혁사, 2001.

메리 에반스, 정옥배 역, 성경적 여성관, IVP, 1992.

박대영, 묵상의 여정, 성서유니온, 2013.

_____, 부흥의 사도행전: 사도행전 1–4장, 선율, 2022.

박영돈, 일그러진 한국 교회의 얼굴, IVP, 2013.

박영호, 다시 만나는 교회, 복있는사람, 2020.

_____, 우리가 몰랐던 1세기교회, IVP, 2021.

박유미, 내러티브로 읽는 사사기, 새물결플러스, 2018.

박윤선, 로마서, 영음사, 1994.

본 로버츠, 전의우 역, 성경의 큰 그림, 성서유니온, 2019.

송필경, 왜 전태일인가, 살림터, 2020.

스캇 펙, 윤종석 역, 거짓의 사람들, 비전과리더십, 2018.

신기철·신용철, 새 우리말 큰 사전(상), 삼성출판사, 1974.

신원하, 시대의 분별과 윤리적 선택, SFC, 2004.

알리스터 맥그라스, 정옥배 역, 십자가로 돌아가라, 생명의말씀사, 2014.

오명현, 신천지(이만희)의 요한계시록 허구에 대한 반론:지피지기 요한계시록, 엔크, 2015.

오창희, 아직 끝나지 않은 문제 신사참배, 예영커뮤니케이션, 2021.

우병훈, 기독교 윤리학, 복있는사람, 2019.

윌리엄 D. 바운스, 채천석 이덕신 역, 목회서신, WBC 46, 솔로몬 2009,

윤정란, 한국전쟁과 기독교, 한울아카데미, 2021.

윤종하, 에베소서에 나타난 하나님의 교회, 성서유니온선교회, 2002.

이광우, "바울의 '영광' 말투 연구, 총신대학교 신학대학원 M Div 학위논
　　　문(지도교수 김세윤), 1993.

＿＿＿, 이와같이 주 안에 서라:빌립보서 강해, 예영커뮤니케이션, 2017.

＿＿＿, 그 나라: 전도용 묵상사진집, 예영커뮤니케이션, 2019.

＿＿＿, 요한계시록, 예영커뮤니케이션, 2021.

이규호 옮김, 이정순 감수, 나그함마디 문서, 동연, 2022.

이만열, 역사의 길, 현실의 길, 푸른역사, 2021.

이박행, 암을 이기는 치유캠프 복내마을 이야기, 홍성사, 2013.

이성호, 직분을 알면 교회가 보인다, 좋은씨앗, 2018.

이승장, 왜 나는 예수를 믿는가, 홍성사, 2013.

이은순, "고전 14:33b-36의 주석적 연구", 총신대학교 대학원 Th. M 논
　　　문(지도교수 정훈택), 1995.

이응윤, 내 삶을 다스리는 하나님의 은혜, CLC, 2019.

이정일, 문학은 어떻게 신앙을 더 깊게 만드는가, 예책, 2020.

이진오, 신앙의 기본기, 시_커뮤니케이션, 2018.

이필찬, 요한계시록 어떻게 읽을 것인가, 성서유니온선교회, 2000.

＿＿＿, 에덴 회복의 관점에서 읽는 요한계시록, 1-11장, 에스카톤, 2021.

임희모, 서서평 선교사의 통전적 영혼 구원 설교, 동연, 2020.

장 상, "바울서신과 여성", 기독교사상 1980. 11.

정훈택, "바울의 여성관", 신학적 도약, 민영사, 1994.

제럴드 L. 싯처, 윤종석 역, 하나님의 뜻, 성서유니온선교회, 2020.

제리 길리, 김세민 역, 다른 복음을 전하는 교회들, 부흥과개혁사, 2011.

조재형, 그리스-로마 종교와 신약성서, 감은사, 2021.

차정식, 신약성서와 창의적 설교, 동연, 2019.

차준희, 모세오경 바로 읽기, 성서유니온, 2013.

_____, 6개의 키워드로 읽는 이사야서, 성서유니온, 2020.

최갑종, "성경과 여성 안수", 바울연구 III, UCN Academic, 2011.

_____, 갈라디아서, 이레서원, 2016.

최관호, 하나님을 위한 변명, 예영커뮤니케이션, 2022.

최동현, 김연수 완창 판소리 다섯바탕 사설집, 개정판, 민속원, 2016.

최성수, 의미는 알고나 사용합시다, 예영커뮤니케이션, 2019.

최윤갑, 구속사로 읽는 이사야, 새물결플러스, 2020.

크리스토퍼 애쉬, 전의우 역, 욥기, 십자가의 지혜, 성서유니온, 2014.

크리스틴 폴, 정옥배 역, 손 대접, 복있는사람, 2002.

탁영철, 싱글의 파워, 해피&북스, 개정판, 2022.

폴 워셔, 조계광 역, 복음, 생명의말씀사, 2013.

프란시스 A. 쉐퍼, 박문재 역, 기독교 교회관, 크리스찬다이제스트, 1995.

하워드 마샬 외, 박대영 역, 서신서와 요한계시록, 성서유니온, 2011.

한병수, 새롭게 읽는 주기도문, 영음사, 2019.

한희철, 예레미야와 함께 울다, 꽃자리, 2018.

행크 해네그래프, 김태영 역, 창조의 해답, 예영커뮤니케이션, 2012.

헤시오도스, 천병희 역, 신들의 계보, 숲, 2020.

홍성인, 언약으로의 초대: 창세기 1–25장, 예영커뮤니케이션, 2019.

_____, 언약 안의 사람들: 창세기 25–50장, 예영커뮤니케이션, 2019.

홍인규, 로마서 어떻게 읽을 것인가, 생명의말씀사, 2001.

해외

A. D. B. Spencer, 'Eve at the Ephesus', *JETS*, 6, 1955.

A. R. Hunt, *The Inspired Body: Paul, the Corinthians, and Divine, Inspiration*, Mercer Univ. Press, 1996.

A. Stott, *Christianity According to Saint Paul*, CUP, 1932.

B. Blue, 'Acts and the House Church', D. W. J. Gill&C. Gempf ed., *The Book of Acts in Its First Century Setting*, vol. II Eerdmans, 1994.

B. Lindars, *Judges 1-5*, T&T Clark, 1995.

C. E. B. Cranfield, *The Epistle to the Romans*, 2, T&T Clark, 1983.

C. Kroger, '1 Timothy 2:12A Classicist's View', Alvera Mickelsen ed. *Women, Authority & the Bible*, IVP, 1986.

C. F. H. Henry, 'Reflections on Women's Lib' *Ch.Tod*. 19, 1975.

C. F. Whelan, 'Amica Pauli: The Role of Phoebe in the Early Church', *JSNT* 49, 1993.

C. Osiek & M. Y. MacDonald, *A Womens place. House Churches in Earliest Christinity*, Fortress, 2006.

C. R. Smith, *The Bible Doctrine of Man*, Epworth, 1951.

C. S. Keener, *Paul, Women & Wives: Marriage and Women's Ministry in Letters of Paul*, Hendrickson, 1992.

C. Westermann, *Creation*, SPCK, 1974.

D. Cohen, *Law, Sexuality and Society*, Cambridge Univ. Press, 1991.

D. S. Bailey, *The Man-woman Relation in Christian Thought*, Longmans', 1959.

D. S. Fraser, 'Women in the Ancient Israel', *JCMBRGF* 26, 1974.

D. Williams, *The Apostle Paul & Women in the Church*, Gospel Light, 1977.

E. E. Ellis, *Pauline Theology. Ministry and Society*, Eerdmans, 1989.

E. H. Pagels, 'Paul and women', *JAAR* 42, 1974.

E. Schweizer, *Church Order in the New Testament*, SCM, 1971.

F. F. Bruce, *Commentary on the Book of the Acts*, Eerdmans, 1977.

G. Beattle, *Women and Marriage in Paul and His Early Interpreters*, JSNTS 296, T&T Clark International, 2005.

G. Bilezekian, *Beyond Sex Roles*, Baker Book House, 1986.

G. D. Fee, A: 'Praying and Prophesying in the assemblies. 1 Co. 11:2−

16', *Discovering Biblical Equality*, IVP, 2005.

_____, B: 'Hermeneutics and the Gender Debate', in *Discovering Biblical Equality*, eds. R. W. Poerce R. M. Groothuis, IVP, 2005.

G. H. Tavard, *Women in the Christian Tradition*, University Press Notre Dame, 1973.

G. Knight III, '*authenteo* in reference to Women in 1 Timothy 2:12', *NTS* 30, 1984.

G. L. Dickinson, *The Greek View of Life*, Methuen, 1957.

G. R. Osborne, 'Hermeneutics and Women in the Church' *JETS* 20, 1977.

G. Taylor, 'Woman in Creation and Redemption', *JCBRF*, 16, 1974.

I. Epstein, *Judaism*, Epworth press, 1939.

I. H. Marshall, *A Critical and Exegetical Commentary on the Pastoral Epistles*, T&T Clark, 1999.

J. A. Anderson, *Woman's warfare and Ministry*, Christian Herald, London, 1935.

J. Calvin, *Romans*, Eerdmand, 1960.

J. C. Coyle, 'The Fathers on Women and Women's Ordination', *Eg. Ed. Th.*9, 1978.

J. C. G. Greig, 'Women's Hats—1Corinthian 11:1–16' *Exp.T.* 69, 1958

J. Danielou, *The ministry of Women in the Early Church*, Faith Press, 1961.

J. de satge, *Mary and the Christian Gospel*, SPCK, 1976.

J. D. Quinn and W. C. Wacker, *The First and Second Letters to Timothy*, Eerdmans, 2000.

J. Foster, 'St Paul and Women' *Exp.T.* 62, 1951.

J. J. Davis, 'First Timothy 2:12, the Ordination of Women, and Paul's Use of Creation Narratives', *Priscilla Papers, Vol.31*, No.4, Autumn 2017.

J. M. Miller, 'In the Image and Likeness of God', *JBL* 91, 1972.

J. Harper, *Women and the Gospel*, CBRF, 1974.

J. L. Duncan & Susan Hunt, *Women's Ministry in the Local Church*, Crossway, 2006.

J. M. Holms, *Text in a Whirlwind. A Critique of Four Exegetical Devices at 1 Timothy 2:9-15*, JSNTS 196, Sheffield Academic Press, 2000.

Josephus, *Antiquities*, 1966.

J. P.. Sampley, *And the Two shall Become One Flesh*, SNTS Monograph 12, 1971.

K. Stendahl, *The Bible and the Role of Woman*, Fortress press, 1966.

L. A. Jervis, '1 Co. 14.34−35: A Reconsideration of Paul's Limitation of the Free Speech of Some Corinthian Women', *JSNT* 58, 1995.

L. L. Belleville, 'Teaching and Usurping Authority: 1 Timothy 2:11− 15', *Discovering Biblical Equality: Complementary without Hierarchy*, IVP, 2005.

L. Birney, *The Role of Women in the New Testament Church*, VBRF, Pinner, 1971.

L. Wilshire, 'The TLG Computer and Further References to *Authenteo* in 1 Tim. 2:12' *NTS* 32, 1988.

M. Dibelius & H. Conzelmann, *The Pastoral Epistles*, Hermaneia Fortress press, 1972.

M. Levine, 'The Gendered Grammer of Ancient Mediterranean Hair', eds H. Eilberg−Schwartz and Wendy Donier, *Off With Her Head! The Denial of Women's Identity in Myth, Religion, and Culture*, Univ. of California Press, 1995.

M. M. Mitchel, *Paul and the Rhetoric of Reconcilition*, J.C.B. Mohr, 1991.

M. Thrall, *The Ordination of Women to the Priesthood*, SCM, 1958.

M. Y. MacDonald, *Early Christian Women and Pagon Opinion*, Cambridge Univ. Press, 1996.

N. J. Homms, 'Let women be Silent in Church', *CTJ* 4, 1969.

O. A. Piper, *The Christian Interpretation of Sex*, Ch.Scribner's Sons, 1941.

P. B. Payne, 'Liberian Women in Ephesus', *TJ* 2, 1981.

P. K. Jewett, *Man as Male and Female*, Eerdmans, 1975.

P. Scroggs, 'Paul and the Eschatological Woman', *JAAR* 40, 1972.

R. A. J. Gagnon, *The Bible and Homosexual Practice*, Abingdon, 2001.

R. Boling, *Judges: Introduction, Translation, and Commentary*, AB 6A, 1975.

R. Brown, 'Roles of Women in the Four Gospel', *Th.St.* 36, 1975.

R. E. Davis, 'Historical and Literary Parallels Between Moses and Deborah narratives', unpublished paper, Gordon–Conwell Theological Seminary, Jan. 2006.

R. R. Schulz, 'Romans 16:7: Junia or Junias?', *ExpT* 98, 1996.

S. Aalen, 'A Rabbinic Fomula in 1 Corinthians 14:34' *St.Ev.II*, 1964.

S. A. Reynolds, 'On Head Coverings', *W.Th.J.* 36 1973.

S. B. Clark, *Man and Woman in the Christ*, Servant books, 1980.

S. Gritz, *Paul, Women Teachers and the Mother Goddes at Ephesus*, Univ. Press of America, 1991.

T. Paige, 'The Social Matrix of Women's Speech at Corinth. The Context and Meaning of the Command to Silence in 1 Co. 14:33b–36', *BullBibRes* 12, 2002.

W. A. Meeks, 'The Image of the Androgyne: Some Uses of Symbol in Earliest Christianity', *HR* 13, 1973/74.

W. Bauer, *A Greek-English Lexicon of the N.T. and Other Early Christian Literature*, The Univ. of Chicago Press, 1979.

W. Grudem, *Evangelical Feminism and Biblical Truth*, Colorado Springs, 2004.

W. J. Webb, *Slaves, Women and Homosexuals*, IVP, 2001.

W. O. Walker, '1 Corinthians 11:2−16 and Paul's Views Regarding Women', *JBL* 94, 1975.

W. Thomas, 'The place of women in the Church at Philippi', *Exp.T.* 83, 1972.

W. Vogels, 'It is not good that the "Mensch" should be alone; I will make him/her a helper fit for him/her' *Eg.et.Th.* 9, 1978.

W. W. Tarn, *Hellenistic Civilization*, Arnold, 1930.